SV

LUCÍA LIJTMAER
DIE HÄUTUNGEN
ROMAN

*Aus dem Spanischen
von Kirsten Brandt*

Suhrkamp

Die Originalausgabe erschien 2022 unter dem Titel
Cauterio bei Editorial Anagrama, Barcelona.

Die Übersetzung dieses Buches wurde von
Acción Cultural Española (AC/E) unterstützt.

Erste Auflage 2024
Deutsche Erstausgabe
© der deutschsprachigen Ausgabe
Suhrkamp Verlag AG, Berlin, 2024
© 2022 by Lucía Lijtmaer.
Published in cooperation with
MB Agencia Literaria S.L through
Anoukh Foerg Literary Agency.
Alle Rechte vorbehalten. Wir behalten uns auch
eine Nutzung des Werks für Text und Data Mining
im Sinne von § 44b UrhG vor.
Umschlaggestaltung: Nurten Zeren, Berlin
Umschlagabbildungen: Collage aus Porträt einer Frau
in Schwarz von Johannes Conerlisz Verspronck, 1643, und
Porträt einer jungen Frau mit weißer Haube,
Umkreis von Pieter Pourbus, 16. Jh. (Gemälde Frauenkopf);
CSA-Printstock/iStock (Flammen); Darius Bashar/Unsplash
(Foto Frauenporträt); Nurten Zeren (Aquarell)
Satz: Dörlemann Satz, Lemförde
Druck: CPI books GmbH, Leck
Printed in Germany
ISBN 978-3-518-43143-6

www.suhrkamp.de

LUCÍA LIJTMAER
DIE HÄUTUNGEN

*In baiting a mouse-trap with cheese,
always leave room for the mouse.*
The Square Egg, SAKI

*You'd better hope and pray
That you'll wake one day in
your own world.*
Stay, SHAKESPEARS SISTER

*Someone once told me that explaining is
an admission of failure.
I'm sure you remember, I was on the
phone with you, sweetheart.*
RICHARD SIKEN

1. PLAZA DE LES GLÒRIES (VORHER)

Lange Zeit will ich mich einfach nur umbringen. Ich stelle mir vor, wie es wäre, nicht mehr zu existieren, keinen Körper mehr zu haben, und die Idee erscheint mir unausweichlich und friedlich. Anfangs träume ich von der Stille eines Meeres aus Barbituraten, ein Meer wie nach einem Sturm, wie an einem wellenlosen karibischen Strand. Aber nach und nach werden meine Vorstellungen ausgefeilter, und schließlich setzt sich in meinem Kopf das Bild fest, wie sich der Fußboden meiner Wohnung an den Rändern nach unten wölbt, wie die Ecken zu Rutschbahnen werden, wie ich mich nicht mehr halten kann und hinuntersause, bis ich, als wäre das Ganze Teil eines sadistischen Experiments, in den Abgrund stürze und im Innenhof auf dem Asphalt aufschlage.

Aber ich bin feige und bringe mich nicht um.

Ich bin feige. Das ist wichtig für diese Geschichte.

Während ich mit dem Bus Nummer sieben zur Arbeit fahre, wandelt sich meine Fantasie nach und nach. Als ich eines Morgens an einer öden Kreuzung lauter Menschen mit verschlafenen Gesichtern und Tupperdosen im Rucksack stehen sehe, stelle ich mir vor, wie es wäre, wenn die ganze Stadt als Folge des Klimawandels im Wasser versinkt.

An meinem Arbeitsplatz angekommen – einem Großraumbüro in einem Klotz aus Sichtbeton an der Plaza de les Glòries, einem dieser Meisterwerke der Sozialisten aus den Neunzigern –, wird das Bild konkret, und während ich Anrufe entgegennehme, male ich mir das Ende aus.

Während ich im Geiste Geraden zwischen der Diagonal Mar und der Calle Llacuna ziehe und Kommunikationspläne erarbeite, die erläutern sollen, welche der heruntergekommenen Gebäude in der Calle Pallars zu schicken Hubs mit Wänden voller Farnkaskaden oder Logistikzentren umgebaut werden sollen, vernebeln braune Wassermassen meinen Blick und überschwemmen mein Gehirn.

Wenn die Polkappen schmelzen, wird Barcelona nach Venedig und Amsterdam als eine der ersten Städte von der Bildfläche verschwinden. Aufgrund seiner Hanglage mit zehn bis fünfzehn Prozent Gefälle erwischt es zuerst die Armen, die pakistanischen Taxifahrer im Raval, die Filipinas aus der Bäckerei in der Calle Sant Vicenç, Señora Quimeta in ihrem Kurzwarenladen, die Touris in der Barceloneta, und zwar ausnahmslos alle: die Niederländer und die Franzosen und die Engländer und die Italiener – niemand wird die Italiener vermissen. Securityleute, U-Bahn-Angestellte und die Verkäufer vom Mercado de Santa Caterina treiben in den Fluten. Der Llobregat versinkt mitsamt seinen Schilfhainen, der Besòs tritt über die Ufer, und seine Gewässer vereinen sich mit der Wasserfläche, die von Sant Adrià im Osten bis nach Cornellà im Westen reicht, die den Flughafen unter sich begräbt und Castelldefels hinwegfegt. Durch eine Laune des Schicksals bleibt der Sakya Tashi Ling, der buddhistische Tempel von Garraf, verschont, und die Häuser der Hippies in La Floresta stürzen nur deshalb nicht ein, weil sie auf Kalkböden stehen. Scheiß Hippies.

Das schlammige Wasser bedeckt alles. Die Snob-Weiber von El Putxet erwischt es garantiert zuletzt, die blöden Zicken, aber auch für sie gibt es kein Entrinnen. Mit ihren schimmernden Perlenketten, den milchkaffeefarben lackierten Fingernägeln und den perfekt gestylten Betonfrisuren schaukeln sie wie Gondeln die Calle Balmes hinunter, blau, tot und aufgedunsen, auf dem braunen Wasser, das alles, alles verschlingt, selbst die Jugendstilhäuser im Eixample. Es reißt die Filialen von Pans and Company hinweg, das Liceu und die Tattooläden in der Calle

Tallers. Es verschwinden die Bodegas, die mit ihrem Vintage-Mobiliar und den Fliesenböden mit aufgeklebtem Muster einen auf rustikale Dorfschänke machen. Das trübe, nach Kloake stinkende Wasser bedeckt uns alle. Ich weiß, dass die Toten es uns schon seit Jahrzehnten zuflüstern, aber wir wollten es nicht hören. Die reißenden Fluten verwandeln das Einkaufszentrum Maremagnum in einen Schutthaufen, genau wie die Fakultät für Audiovisuelle Kommunikation der Universität Pompeu Fabra. Und das Kino Icària Yelmo mitsamt seinen Matineevorstellungen.

Nachts erstelle ich Listen von allem, was der Anstieg des Meeresspiegels zerstören wird. Ich kann einfach nicht damit aufhören. Die Colònia Güell, das Nationaltheater, die Bingohalle Billares, das Kunstzentrum Hangar, den gesamten Freihafen, das Finanzamt an der Plaza Letamendi, die Bar Lord Byron in der Calle València, das Theaterinstitut, die Kaserne in der Calle Bruc.

Das Sutton wird genauso verschwinden wie die Schokoladengeschäfte in der Calle Xuclà. Die »Golondrinas«, diese kleinen hölzernen, nach Diesel stinkenden Touristenboote, werden nicht mehr im Hafen liegen, sondern in irgendeinem Baum auf dem Montjuïc hängen. Dort wird das Wasser auch ein Liebespaar erwischen, das gerade voll zugange ist und deshalb mit heruntergelassenen Hosen stirbt.

Und weil ich dieses Bild im Kopf habe, verlange ich von jetzt an jedes Mal, wenn ich auf dem Rückweg von der Arbeit noch beim Supermarkt vorbeigehe, nach noch mehr Plastiktüten. Weil ich es kaum erwarten kann, dass wir alle ertrinken, lasse ich sämtliche Lichter in der Wohnung an und weigere mich, den Müll zu trennen. Könnte ich Auto fahren, würde ich mit Vollgas die Carretera de les Aigües entlangbrettern, mit hundertfünfzig Sachen über die Stadtautobahn rasen, im Tank einen hochgiftigen Treibstoff, von dem Pflanzen welken und Wildschweine ersticken, irgendetwas, was den Prozess beschleunigt. Wollen wir uns nicht alle gemeinsam vergiften? Los, legen wir uns bei diesem gemeinsamen Ritual doch mal so richtig ins Zeug, geben wir alles, *once more with feeling.*

Aber ich schaffe es nicht. Also ziehe ich nach Madrid. Was ja im Grunde fast das Gleiche ist wie zu sterben.

I. DEBORAH UNTER DER ERDE

Bin ich noch am Leben?
Ich glaube nicht. Die Erde rings um mich herum ist staubtrocken, ganz anders als der dunkle Lehmboden meiner Kindheit. Die Erde auf meiner Stirn ist salzig, warum, verstehe ich nicht. Auch die Erde auf meinen Armen und zwischen meinen Beinen schmeckt nach Salz und Meer, ich kann kaum die Augen öffnen, bin von oben und von unten von Erde umgeben. Es heißt, dass Salz Blutungen stillen kann, aber im Laufe der Jahre habe ich gelernt, dass es auch alles zerfrisst und zerstört, was mit ihm in Berührung kommt.

Ich kann eigentlich gar nicht am Leben sein, auf meine Schultern drückt eine gewaltige Last, und trotzdem spüre ich keine Schmerzen, in meinen Lungen ist nichts, ich kenne diese Erde nicht, erinnere mich nicht an sie. Die Weiden meiner Kindheit waren feucht, von einem ausgewaschenen, stets von Wasser durchströmten Grün; die Wälder hingegen waren im Winter dunkel, und die schneidende Luft nahm dir den Atem, schabte wie ein Messer in dir. Jetzt ist in mir weder Luft noch Wasser, nur Zeit.

Nein, ich bin ganz bestimmt nicht am Leben, denn um mich herum kriechen die Würmer, weich wie Chinaseide, und kitzeln meine Haut.

Chinaseide. Der Duft nach exotischen Früchten. Die Erinnerung an unsere erste Nacht, nein, nicht jetzt, unser Blut hat keinen Platz in dieser mausgrauen Erde, jetzt, da ich leer bin, jetzt, da jemand mir die Eingeweide herausgerissen hat und mein Körper die ganze Last der Zeit und dieser fremden Erde trägt.

Ich muss mit dem Nachmittag beginnen, an dem er zu mir

nach Hause kam und um meine Hand anhielt, oder vielleicht noch früher, mit dem Tag, an dem wir uns kennenlernten. Das war drei Monate davor, bei den Pferdeställen. Meine Haare waren lang, sehr lang, ich hatte sie mir nie geschnitten, obwohl Mutter mich immer wieder drängte, ließ ich sie mir nicht schneiden. Ich hatte sie am Hinterkopf zu einem straffen Dutt zusammengebunden, der groß und schwer war, mein Rock war parfümiert, meine Hände waren sorgfältig mit Seife geschrubbt, ich war schon älter, zwanzig Jahre. Zu Hause ließen sie mich nicht zu Bällen gehen, alles, was ich kannte, waren grüne Felder, der Sonntagsgottesdienst, die Kirche aus kaltem Stein und die Landkarten in den Büchern, die mein Vater mir zeigte. »Siehst du die Straßen, Deborah, siehst du sie?« Und ich fuhr mit dem Finger die Straßen der Städte nach, und sie erschienen mir wie kupferfarbene Flüsse, gewunden wie Schlangen, wie Maserungen im Holz. Der Mann betrat den Stall auf der Suche nach dem Vorarbeiter, aber nur die Hausdame und ich waren da und fütterten gerade die Pferde. Es war November, wir verbrachten einen Teil des Herbstes und des Winters auf dem Land, weit weg von London. Ich vermisste die Stadt, aber Vater bestand darauf, zu der Zeit, wenn im Wald die Pilze wachsen und die Astern blühen, im Monat der Kastanien und der Hirschjagd, in das Haus zurückzukehren, in dem er geboren war. Ich bemerkte, dass der Mann hochgewachsen war und einen blonden Bart und neugierige Augen hatte. Er bat meine Begleiterin, sich zu uns auf eine Bank vor den Ställen setzen zu dürfen. Welche Zügel benutzt Ihr, erkundigte er sich, ohne nach meinem Namen zu fragen, denn den kannte er schon. Er hatte kleine Hände, war ganz anders gekleidet als die Männer des Dorfes und trug einen Ring mit einem kleinen Stein, den ich noch nie gesehen hatte und den er »Saphir« nannte. Wir redeten über das Wetter, über die Kastanien, über die Pferde. Ihre Mähnen schimmerten, mein Körper brannte, das Blut rot, so rot, ich fühlte, wie es zerplatzte und in winzigen Tröpfchen aufspritzte wie geschmolzenes Metall, rot und orange, wie glühend heißes, flüssiges Glas, wie es mir ins Gesicht stieg. »Euer Gesicht hat die Farbe von Äpfeln«, sagte er und lachte auf, und als die Hausdame sich einen Moment lang entfernte, flüsterte er mir etwas Unanständiges ins Ohr. »Seid Ihr auch so ungestüm wie die Pferde, wenn Ihr geritten werdet?«, und mir wurde schwindelig, und ich schüttelte den Kopf, und da war die Hausdame auch schon wieder zurück und sagte: »Das reicht, Henry, es ist genug, das Mädchen kommt aus einer guten Familie, geh nach Hause.«

Jetzt, viele Jahre später, fühle ich, wie mein Körper mir nicht gehorcht, fühle die gewaltige Last, die auf meinem Kopf und meinen Schultern ruht. Ich nehme an, das bedeutet, dass man mich aufrecht und mit über der Brust gekreuzten Armen begraben hat. Darum drückt das ganze Gewicht auf meinen Kopf und mein Rückgrat, genau an der Stelle, an der der Nacken in die Wirbelsäule übergeht. Diese ganze Erde um mich herum, über mir und unter mir, besteht aus irgendeinem Material, das ich nicht erkennen kann. Etwas brennt auf meiner Haut, es ist das Salz dieser Erde, die so hart ist, dass sie mir in die Arme, die Hände und Füße schneidet, Schnitte, so klein wie eine Ameise, wie die Schnitte, die man sich an einem Blatt Papier am Finger zufügt. Und obwohl das Gewicht, das mir gegen Hals und Schläfen drückt, eigentlich unerträglich sein müsste, fühle ich mich stark. Ich packe eine Handvoll Erde und halte sie fest. Jetzt verstehe ich. Diese Erde ist mit Sand vermischt, sie ist aus den fein zermahlenen Schalentieren am Strand entstanden, über mir muss alles Wasser und Salz sein.

Was tue ich hier unter der Erde? Wenn sie mich aufrecht begraben haben, heißt das, dass niemand meinen Leichnam haben wollte. Dass ich verdammt bin. Und, was am schlimmsten ist: dass ich nicht nur tot, sondern auch nicht erlöst bin. O Herr, ich bin tot. Ich habe auf Dich vertraut, und Du hast mich verlassen. Ganze Ozeane habe ich für Dich überquert, nur um in der Erde vergraben zu werden wie ein Regenwurm, nicht einmal ins Fegefeuer bin ich gelangt, wie konntest Du mir das nur antun, Allmächtiger, gütiger Gott, mein Schicksal hat Dich nicht erbarmt. Deine Augen waren wie Juwelen, ich habe sie trotz allem angebetet und nichts dafür zurückbekommen. Ich war eine gute Ehefrau, zumindest möchte ich das glauben, und Du hast mich dazu verdammt, in salzigem Sand zu enden, wo nichts wächst und nichts gedeiht. Warum? Warum hast Du mich verlassen?

Und plötzlich erscheint mir das Antlitz von Anne Hutchinson, bleich, mit tiefen Ringen unter den Augen, ihr loses Haar, ihre weißen Hände, direkt vor mir, hier unter der Erde, und ich verstehe.

2. CALLE DEL CALVARIO (JETZT)

Und so beginne ich diese Geschichte auf der sonnenverbrannten Hochebene. Ich finde eine Wohnung in einer Straße, die wie alle Straßen in Madrid nach irgendeinem katholischen Kaff in Kastilien benannt ist. Ich glaube, in Madrid wird es mir besser gehen. Ich hoffe es. Beinahe bin ich optimistisch. Beinahe. Ich bin dermaßen abgestumpft, dass ich lange brauche, um die Unterschiede zu erkennen, obwohl sie sofort ins Auge fallen.

Zum Beispiel: In Madrid sind alle freundlich. Vor allem nachmittags. Es dauert eine Weile, bis ich kapiere, dass es daran liegt, dass nachmittags alle betrunken sind. Der Erste, dem ich auf die Spur komme, ist der Portier unseres Hauses, ein Belorusse mit gegeltem Haar und Prince-of-Wales-Anzug. Morgens grüßt er nicht mal, aber nachmittags überschlägt er sich fast. Er zwinkert mir zu und erzählt mir leicht schwankend dreckige Witze. Ich brauche ungewöhnlich lang, um zu verstehen, was mit ihm los ist, weil man Wodka nicht im Atem riechen kann. Der alte Fuchs.

Mit dem restlichen Viertel ist es das Gleiche. Morgens ist es kühl, und bis um zwölf Uhr mittags scheint jeder zu schlafen. Dann recken und strecken sich alle, wehleidig und verkatert. Die Kellner, die Verkäufer, die Frau vom Tabakladen, die ganze Nachbarschaft ist verschlafen wie ein Dorf. Ganz anders am Abend. Nach kurzer Zeit stelle ich fest, dass ich einen Anfängerfehler gemacht habe: Ich habe eine Wohnung über einer Bar mit Terrasse gemietet. Jede Nacht dudelt *Manzanita*, und wenn die Nachbarn verlangen, dass endlich Ruhe einkehrt und die Bar schließt, legen die Autoradios mit Cumbia und Reggaeton los. Abfeiern ist das oberste Gebot der Stadt, und meine Straße ist ihr Tempel: eine Karaokebar im Vollrausch, die um fünf Uhr morgens zur Hochform aufläuft.

Eine Karaokebar im Vollrausch und im Dauerfieber. Niemand hat mir gesagt, wie heiß es in Madrid ist, vielleicht habe ich auch alle Warnungen ignoriert. Ich bin Mitte August hierhergezogen, was bedeutet, dass ich in einem Backofen sitze, der ununterbrochen läuft und den Asphalt bis in die Nacht hinein aufheizt, sodass ich nicht schlafen kann. Die Umzugskartons bleiben wochenlang unausgepackt, weil ich zu matt bin, um auch nur einen Finger zu rühren. Zur Aufheiterung kaufe ich in einem modernen Laden um die Ecke Pflanzen, die in null Komma nichts eingehen. In Madrid will einfach nichts gedeihen. Alles, was nicht schon verdorrt ist, tut es über kurz oder lang.

Eines Tages komme ich im Aufzug mit der Frau ins Gespräch, die über mir wohnt. Sie ist ein wenig älter als ich – was man ihr nicht ansieht –, hat dunkles Haar, leicht schrägstehende Augen und helle Haut. Ich betrachte sie: Pferdegebiss, freundliches Lächeln, rot geschminkte Lippen, geblümtes Kleid. Ihr Name ist Sonia. Mir fällt auf, dass sie straffe Schenkel, zarte Haut und müde Augen hat. Sie trägt goldene Ohrringe. Mit hoher, müder Stimme fragt sie mich, ob ich wegen der Hitze auch nicht schlafen könne. Ich sage, nein, kann ich nicht. Sie lädt mich auf eine Limonade in ihre Wohnung ein, und ich nehme an. Ich habe sowieso nichts Besseres zu tun.

Die Wohnung ist hübsch und hell. Bücherregale aus Obstkisten, überall Pflanzen, der Fußboden mit Büchern übersät. Ich frage mich, ob die Pflanzen aus Plastik sind oder ob sie hexen und Leben erzeugen kann. An den Wänden hängen Teppiche – »um den Lärm abzuhalten«, sagt sie.

Sonia schenkt mir eine Limonade ein und erzählt weiter. Ihre hohe Stimme stört mich ein bisschen, aber vielleicht liegt das daran, dass ich so lange nichts mehr mit anderen Menschen zu tun hatte. Ich bin es nicht mehr gewohnt, mehr als eine Stimme im Raum zu hören.

»Lebst du allein?«, frage ich mit geheucheltem Interesse.

»Ja.«

»Super.« Ich betrachte die Bücher, die überall herumliegen, in den Regalen, auf dem Boden, zwischen den Möbeln. »Arbeitest du an der Uni?«

»Nicht wirklich. Zurzeit studiere ich nur.«

Sie rutscht unruhig auf dem Stuhl herum. Die Antwort scheint sie nervös zu machen. Ich lächle und sage, um sie zu beruhigen: »Ich arbeite nicht.«

»Ach nein? Wieso nicht?«

»Weil ich nicht arbeiten muss.«

Sonias Lider flattern wie die Flügel eines Kolibris. Bsss.

»Und was macht dein Mann?«, fragt sie.

»Ich bin nicht verheiratet.«

»Aha.«

Bsss.

Endlich hat sie kapiert, was ich meine. Ich will ihr zu verstehen geben, dass ich reich bin.

Schade, dass es nicht stimmt. Ich habe nur ein bisschen Geld von dem übrig, was ich gemacht habe. Was ich mit mir habe machen lassen. Genug, um ein ganzes Jahr nicht arbeiten zu müssen. Trotzdem macht es Spaß, ihren Gesichtsausdruck zu beobachten, als ich es andeute. Reich. Es macht Spaß, die unterschiedlichen Regungen zu beobachten, die sie durchlaufen: leichte Verblüffung, gefolgt von mühsam beherrschtem Neid, der, wenn er vorbei ist, zu etwas Unsichtbarem, aber Hartnäckigem kondensiert, das an ihr klebt wie Gestank: Jeder, der dich für reich hält, will etwas von dir. Sie wollen dein Geld. Oder zumindest etwas Vergleichbares. Wenn ihnen das bewusst wird, fühlen sie sich beschämt und ein bisschen schuldig. Wie ich gelernt habe, ist Schuldbewusstsein ein äußerst unangenehmes

Gefühl, das wir alle wieder loswerden wollen. Und diese Welle von Empfindungen, die innerhalb von Sekunden über deinen Gesprächspartner hinwegschwappt, verleitet ihn oder sie unbewusst dazu, dir ständig etwas anzubieten, um sich von diesem unangenehmen Gefühl zu befreien.

»Hättest du Lust, diese Woche mal mit mir essen zu gehen? Ich kenne einen großartigen Peruaner«, sagt sie. »Du bist eingeladen.«

Hab ich's nicht gesagt? Klappt immer.

In dieser Nacht, als die Erde glüht und mich mal wieder Schlaflosigkeit quält, sitze ich im Licht des Bildschirms vor meinem Computer und surfe stundenlang im Netz, wie so oft auf der Suche nach etwas, was mich beruhigt. Heute finde ich es in Flussbetten, im Meer, in alten Landkarten und in den Geschichten derjenigen, die schon lange vor uns ertrunken sind. Um sechs Uhr morgens stoße ich auf das Porträt einer Frau, die 1642 erlebte, wie ein Mädchen ertrank. Sie beschreibt das in einer Chronik, die jemand in einen Blog eingestellt hat. Der Post trägt den Titel »Die Chroniken der Kauterisation«, das Bild zeigt eine Frau mit ernstem Blick und geschürzten Lippen. Ich lese, mit welcher Seelenruhe sie schildert, wie ein totes Baby aus dem Fluss gezogen wurde. Ich lese ihren Namen, Deborah Moody, eine Puritanerin, die im siebzehnten Jahrhundert in die nordamerikanischen Kolonien auswanderte. Ich betrachte ihr Gesicht, das an ein gemästetes Ferkel erinnert, die hervorstehenden Augen wie zwei hartgekochte Eier. »Die erste Frau, die eine Kolonie gründete. Die Erste, die in der Neuen Welt eine Stadt plante«, steht in den Foren über historische Verbrechen.

Ich stelle mir vor, wie sie eine Furche in den Boden zog, als würde sie ein Tier zerlegen, effizient, mit nur den allernötigsten Handbewegungen, eine Frau, die genau weiß, was sie tut. Ein Kreuz auf dem Boden, in der Mitte ein Platz. Fertig. So hat sie ihr Dorf erschaffen. Heute ist das viel komplizierter, du kannst nicht einfach aus Lust und Laune irgendwo Löcher buddeln. Schade. Wenn das ginge, würde ich höchstpersönlich eine Bohrmaschine zur Hand nehmen und mir einen Tunnel graben, um von hier zu verschwinden, ich würde mich in ihn einbuddeln, dann wäre ich sicher und hätte meine Ruhe und müsste nicht atmen.

Am nächsten Tag esse ich mit Sonia in einem mittelmäßigen Restaurant im Zentrum zu Abend und erfahre, dass sie als Escort-Dame für Bauunternehmer arbeitet. Zementfabrikanten, Aluminiumproduzenten. Männer mit Zigarre, die millionenschwere Verträge unterzeichnen, während sie ihnen im Separee eines Restaurants unter dem Tisch mit bodenlanger Decke einen bläst. An der Plaza de les Glòries habe ich mal über Begegnungen dieser Art mit Stadtverordneten reden hören, aber ich hielt das für eine Stadtlegende. Stadtplanerlegenden, nannten wir sie im Büro. Haha. Aber jetzt widert mich Sonias Vertraulichkeit an, nicht wegen dem, was sie erzählt, sondern weil sie mich nicht kennt. Es gefällt mir nicht, dass sie es mir erzählt hat, jetzt pappt ihr Geheimnis an mir wie eine feuchte Qualle. Eine Woche später beschließe ich, mir eine Wohnung zu suchen, in der ich mit niemandem reden muss. Ich ziehe in ein Bürogebäude an der Castellana, in dem ein paar Dachgeschosswohnungen zur Vermietung stehen. Ich will keine Freundinnen haben. Ich hatte mal Freundinnen, hat mir auch nichts genutzt.

II. DEBORAH UND DIE GRAUE TAUBE

Am Tag, als Anne Hutchinson starb, saß in der Morgendämmerung eine graue Turteltaube auf meinem Fenstersims. Ihr Gurren weckte mich, und ich drehte mich noch einmal in meinem Bett um, versuchte, wieder einzuschlafen. Aber meine Haut brannte. Im Alter wächst einem eine gewaltige Menge Haut, die man mit sich herumschleppt wie eine Bürde. So ist das nun einmal: Altern bedeutet Schwäche. Schlaffe Haut, lose Zähne, hervorstehende Adern.

Kurz vor Sonnenaufgang gab ich auf, erhob mich und kochte mir in der Küche einen schwarzen Tee. Das Dienstmädchen schlief noch, unnötig, es zu wecken, der Tag würde lang genug werden. Nach all den Jahren vermisste ich immer noch die faden Kräutertees meiner Kindheit. Aber in den Kolonien schmeckte und roch alles stark, die Dinge waren dazu geschaffen, alles Schmerzhafte und Zarte abzutöten.

Als ich fühlte, wie schwer mein Körper war, fiel mir ein, dass Mutter einmal zu mir gesagt hatte: Deine breiten, kräftigen Hüften sind zum Gebären wie geschaffen. Es war das einzig Gute, was sie jemals über meinen Körper sagte, sie, die mich immer zwang, Kleider zu tragen, die ihn kleiner machten, meine Haut reizten, ich hatte zu viel Brust, zu viel Hüfte, zu viel von allem. Aber an jenem Tag bei den Pferden sah ich, wie er meinen Körper unter dem Kleid erahnte, wie er ihn sich nackt und bloß vorstellte, und da wusste ich, dass ich ihm Söhne würde gebären müssen, und all mein Blut sammelte sich da unten, das Blut, das nach Kupfer schmeckt, aber in Wirklichkeit geschmolzenes Eisen ist, und ich sah ihm in die Augen, und er hielt meinem Blick stand.

»Kommt doch einmal zum Nachmittagstee«, sagte ich, als ich es nicht mehr ertrug, und die Hausdame flüsterte: »Sei still, Kind, eine Frau redet nicht und lädt niemanden ein, sei still«, aber er sagte: »Ja, ja, ich komme.« In jener lange zurückliegenden Nacht dachte ich an seine Hände und an den kleinen Stein in seinem Ring, dunkelblau wie das Auge der Pfauen, die es angeblich im Königspalast gab, ich dachte an seine Finger, wie sie über den Edelstein strichen, bis ich einschlief.

Wir heirateten drei Monate später, an einem Tag Ende Februar, in diesem Monat, der nichts weiter ist als die Verlängerung einer dunklen Nacht.

Ich bestand darauf, ein perlgraues Kleid zu tragen, eine Farbe, die meine Mutter hasste. Die Tüllärmel reichten bis über die Handgelenke, und die Anproben mit der Näherin dauerten einen Monat. Zwischen unserer ersten Begegnung und der Hochzeit sahen wir uns nur zwei Mal, und immer in Begleitung. Es war eine überstürzte Hochzeit, aber niemand wandte etwas gegen sie ein. Ich wusste, dass mein Vater froh war, mich endlich unter der Haube zu haben.

Ich erinnere mich nicht an die Trauung, nur, dass es sehr kalt war und regnete und dass das Grau des Himmels sehr viel dunkler war als mein Kleid und dass er mir beim Verlassen der Kirche sagte, ich sähe aus wie eine Feldtaube mit meinem grauen Kleid, den Tüllärmeln und den parfümierten, silberbestickten Handschuhen, dem einzigen Luxus, den ich mir gegönnt hatte. »Du bist eine Taube, die man jagen muss, peng, ich werde dich mit Schrot spicken, peng, peng«, sagte er und lachte laut.

Als ich in meinem neuen Heim ankam, das so ganz anders war als mein Zuhause, groß, dunkel und vollgestopft, berührte ich sämtliche Gegenstände, einen nach dem anderen, und sagte zu mir selbst: All das ist mein. Diese Vorhänge, diese Möbel, sogar die Besen. Alles mein. Die Dienstmädchen senkten den

Kopf, als ich an ihnen vorüberging, aber dann hoben sie ihn sogleich wieder und starrten mich an. Ich las, was in ihren Augen stand, vor allem in denen der hübschesten unter ihnen. Ihr Blick sagte: Warum hat ein Mann wie er sich eine so nichtssagende Frau ausgesucht? Ich klammerte mich an den Arm meines Mannes, um mich zwischen all diesen Räumen, all den Dienern und all dem Neuen aufrecht zu halten. Am Abend, als alles vorüber war und wir im Bett lagen, sagte ich zu ihm: »Sie glauben, du hast mich wegen meines Geldes geheiratet.« Und er entgegnete nichts, schob nur mit dem Knie meine Beine auseinander.

Das Grau meines Kleides, denke ich, das Grau des Himmels meiner frühesten Jugend, so fern, so viele Jahre zurück, war genau wie das Grau der Turteltaube an meinem Fenster, die mir verkündete, dass Anne sterben würde, vierzig Jahre nach meiner Hochzeit.

3. PASEO DE LA CASTELLANA 11 (JETZT)

Ich war nicht immer so.
 So durchgeknallt, meine ich.
 Ich war nicht immer so feige.
 Ich mache mir eine Coca-Cola Zero auf, werfe eine Alprazolam ein und setze mich unter die Klimaanlage. Die Kohlensäure bläht meinen Magen auf, aber sie täuscht ihn auch. Ich esse nichts mehr. Schlage eine ganze Woche lang Sonias Einladungen aus. Betrachte mich im Spiegel. Könnte mein früheres Ich mich so sehen, es wäre stolz auf mich. Jetzt, wo es mir egal ist, habe ich es endlich geschafft, ganz dünn zu sein. All die Jahre, in denen ich wie besessen meinen Hüftumfang gemessen habe, das Fett, das sich dort ablagerte, das sich Schicht um Schicht auf meinen Bauch legte und das ich abgekratzt hätte, wenn ich könnte. Die Kotzerei, die Abführmittel, die Selbstkasteiung. Diese ganze Zeit, in der ich herumgejault habe wie ein geprügelter Hund. Wie dumm ich war. Man muss einfach nur aufhören, Hunger zu haben. Wenn ich wirklich hier wäre, wenn meine Freundinnen hier bei mir wären, könnten wir uns gemeinsam daran erfreuen, wie der Umfang meiner Schenkel mit jedem Tag abnimmt, wie mein Schlüsselbein hervortritt, wie ich Muskelmasse verliere. Bestimmt würden meine Freundinnen mir Beifall klatschen, aber sie sind nicht hier bei mir, ich habe sie schon vor langer Zeit verloren.
 Beruhigungsmittel sind eine Zeitbombe. Meine Nackenmuskeln entspannen sich, und ich kann fühlen, wie mein Hirn löchrig wird wie ein Badeschwamm, sich mit den dringend notwendigen Hohlräumen füllt.
 Durch die getönten Scheiben meiner Wohnung beobachte

ich die Büroangestellten in Anzug und Kostüm, die vor dem Eingang des Gebäudes Kaffeepause machen. Es ist später Vormittag. Ein etwa dreißigjähriger Mann mit kobaltblauer Krawatte und ungewöhnlich langen Koteletten – bestimmt ist er der Rebell in der Versicherungsfirma, bei der er arbeitet – flirtet mit einer langhaarigen Blondine in einem cremefarbenen Kleid. Im Geiste sehe ich ihre Nägel vor mir, französische Maniküre im gleichen Farbton wie ihr Kleid. Braungebrannte Füße, weiße Zähne. Das Haar mit Keratin geglättet. Ich lasse meiner Fantasie freien Lauf. Sie lebt in Chamberí, stammt aber ursprünglich aus Valladolid, wohin sie mit ihrem Renault Twingo alle zwei Wochen zurückfährt, um ihren Freund zu sehen, mit dem sie schon seit Ewigkeiten zusammen ist. Er kommt aus einem Vorort von Madrid und zeichnet sich dadurch aus, dass er Vetusta Morla hört. Er würde sie gerne gleich beim ersten Date von hinten nehmen, fühlt sich deshalb schuldig, begnügt sich damit, sich einen runterzuholen, und bekommt beim dritten Treffen, was er will. Sie gibt nach, fährt am Wochenende nicht nach Valladolid und am darauffolgenden auch nicht, sagt, sie müsse arbeiten. Von da an ist sie offiziell mit dem fortschrittlichen Typen zusammen, der ihr nicht sagen kann, was er wirklich will, nämlich, dass sie so tut, als wäre sie ein zwölfjähriger Junge, der scharf auf Sperma ist.

Ich war nicht immer so.

Es gab eine Zeit, da wachte ich nicht morgens um viertel vor fünf auf, so wie ich es jetzt tue, und zwar immer exakt um die gleiche Zeit, um auf der Webseite von *Anthropologie* den Teppichkatalog zu durchforsten. Da dachte ich nicht jeden Tag, ich würde sterben. Jetzt suche ich wie besessen meine Haut nach Symptomen des Kaposi-Sarkoms ab. Messe meine Temperatur. Beobachte, wie durch den Vitaminmangel mein Zahnfleisch schrumpft. Nur wenn ich das Gefühl habe, ich müsste etwas dagegen unternehmen, verlasse ich das Haus, kaufe im Supermarkt immer den gleichen Ceasar Salad und schlinge ihn bei vierzig Grad im Schatten auf einer Bank hinunter, dann gehe ich zurück nach Hause und lasse mich wieder aufs Sofa fallen. Auf meiner Zunge bilden sich Blasen, weil ich zu viel Salz esse und zu wenig trinke. In Online-Shops kaufe ich Klamotten, ich häufe Plastiktüten an, dann falle ich in das schwarze Loch chemischen Schlafs.

Ich glaube, es gab mal eine Zeit, da hätte man mich als glücklichen Menschen bezeichnet. Das sehe ich an den digitalen Spuren, die ich in den sozialen Netzwerken hinterlassen habe wie die durchsichtige Schleimspur einer Nacktschnecke. Ich erinnere mich nicht daran. Aber anscheinend hatte ich einen normalen Job, einen Tagesablauf, traf mich mit Leuten zum Abendessen, hatte Freundinnen, schnitt mir das Haar. Ich hatte wohlbegründete Ansichten zur nationalen und internationalen Politik. Ich las Bücher und sammelte Ausgaben des *New Yorker*.

Meine Erinnerungen sind weg, mein Hirn ist ein Schwamm, nur eine Geschichte aus jener längst vergangenen Zeit klingt mir wie eine Litanei in den Ohren: eine Geschichte, die meine Freundinnen und ich über ein Mädchen gehört hatten, das tatsächlich durchgedreht war. Das war für uns das Schlimmste, was man sich vorstellen konnte: durchzudrehen und öffentlich gedemütigt zu werden. »Sie ist diesem verheirateten Typen völlig ausgeliefert«, erzählte meine Freundin, »und macht sich jetzt überall lächerlich. Sie geht zu ihm ins Büro und heult dort rum, heult sich bei jedem aus, der ihr zuhört. Der Typ hat sie sitzen lassen, er hat sich gelangweilt und wollte einfach nur ein bisschen mit ihr die Zeit totschlagen.«

Die Zeit totschlagen, sie häuten und mit ein wenig Salbei in Butter braten, denke ich. Sie auf den Teller legen und mit einem guten Bordeaux servieren. Das hat der Typ gemacht. Gut für ihn. Während die Tussi, die ich nicht kannte, bei allen Konzerten, bei jedem Abendessen allen etwas vorjammerte, überall tauchte sie auf, mit verschmierter Wimperntusche, flatternden Händen, einem Kunststoffkleid und löchrigen Strümpfen, und weigerte sich, wieder zu verschwinden.

Ich war so glücklich, dass ich über sie gelacht habe, weißt du? Ich war so glücklich, so ruhig, dass ich mich auf dem Heimweg bei dir einhängte und dir die ganze Geschichte erzählte.

Ah ja. Du.

Wir sollten von dir reden, stimmt's? Das sollten wir.

III. DEBORAH UND DER KAUTER

In meiner Erinnerung sind die Augen der Heilerin weiß, milchig wie die der Afrikaner, die völlig verloren in der Kolonie umherwanderten, ohne ihre Umgebung zu kennen. »Ein Hafen ist wie ein offener Mund, der sich mit den wundervollsten Dingen füllen kann, aber auch mit Infektionen«, sagte Anne Hutchinson, die stets versuchte, alles, was sie sah, zu retten, zu säubern, zu desinfizieren, unbedacht und unbekümmert um das, was um sie herum geschah.

Anne taten die Afrikaner leid, die durch den Hafen irrten und so fern ihrer Heimat den Verstand verloren. Wir sahen ihnen zu, wie sie herumliefen und um Geld, Essen oder ein Dach über dem Kopf baten. Anne mit ihren bleichen, abgearbeiteten Händen, mit ihrem präzisen Lächeln und ihrer tiefen, klugen Stimme, allzeit bereit. Ich hingegen betrachtete ihre jungen Gesichter, die Gesichter Heranwachsender, und sie machten mir Angst. Ich war schon alt. Nicht, dass sie so anders waren, machte mir Angst, schließlich gibt es überall in der Neuen Welt Sklaven, was mich umtrieb, waren keine moralischen Skrupel. Ich musste sie nicht retten wie Anne, die sie bei sich unterbrachte, zusammen mit ihren Kindern, und versuchte, sie Gottesliebe zu lehren und auf den rechten Pfad zu führen. Ich verstand, dass es einen in den Wahnsinn treiben konnte, in eine andere Welt verschlagen zu werden, es machte einen wahnsinniger als alles andere. Ich betrachtete den Schleier, der über den Augen der Sklaven lag, wenn sie in Amerika von Bord gingen, er sah aus wie die Haut, die sich auf gekochter Milch bildet: eine lästige Membran, die alles überzieht. Könnte ich sie berühren, würde sie sich samtig anfühlen, aber ich würde mir jedes Mal die Hände verbrennen, wie früher als Kind. Immer versuchte ich, in den Topf zu fassen und diesen zähen Schleier zu erhaschen, der nach nichts schmeckt und einem durch die Finger rinnt. Aber es war lange her, dass ich ein Kind gewesen war.

Viele Jahre zuvor, als ich noch keine alte Frau bin, sieht mich die Heilerin mit ebendiesen milchigen Augen an und öffnet meine Hände. Wir sind in ihrer Hütte. Es riecht nach Leder und Tierfellen, im Hintergrund glimmt Kohle im Herd, irgendwo stehen zwei Teller mit Eintopf. Als ich ankam, hat sie mir davon angeboten, aber ich kann nichts essen, ich bin zu aufgeregt. Ich hätte nicht kommen dürfen, ich bin der Hausdame entwischt und habe mich hierher geschlichen. Dort wird dir geholfen, aber du darfst niemandem davon erzählen, hatte meine ältere Cousine gesagt, als ich ihr, völlig verzweifelt, von der Angst berichtete, die mir den Schlaf raubte. Und deshalb sitze ich jetzt der Heilerin gegenüber, die meine offenen Hände in ihre festen, warmen Hände nimmt. Sie ist dick und sehr freundlich, was mich überrascht. Ich hatte etwas anderes erwartet, einen durchbohrenden Blick vielleicht, jedenfalls keine herzliche, mütterliche Frau. Sie lacht, und ich fühle mich wohl, habe das Gefühl, ich könnte ihr erzählen, was ich will, was auch immer ich will. Sie streichelt meine Hände, bis sie den Ansatz meiner beiden Daumen gefunden hat, und drückt mit ihren eigenen Daumen darauf. Ich spüre einen stechenden Schmerz, und sie lächelt.

»Du bist sehr angespannt, und dein Puls geht unregelmäßig. Schläfst du schlecht?«

Ich nicke.

»Du bist reizbar, Kind.«

Sie seufzt und bittet mich, in einem Schaukelstuhl Platz zu nehmen, ich soll die Augen schließen und die Arme ausbreiten. Als ich das tue, höre ich das Knarren von Holz und spüre ihren näherkommenden Atem. Gleich darauf streichen ihre Hände über meine Arme und Beine, wie um sie warmzureiben. Das macht sie eine ganze Weile, bis mein gesamter Körper reagiert und mir nicht länger kalt ist, bis ich mich an den Geruch ihres Hauses gewöhnt habe.

Ich höre das Feuer knistern und einen Stuhl knarzen, unter ihrem Gewicht, wie ich vermute. Sie räuspert sich.

»Öffne die Augen und erzähl mir, warum du hier bist.«

Wieder ist ihr rundes Gesicht mit den schrägstehenden Augen und dem breiten Lächeln dicht vor mir. Ich betrachte ihre auseinanderstehenden, gelblichen Zähne, ihr offenes, sommersprossiges Gesicht. Sie sieht aus wie ein Mädchen und nicht wie eine Heilerin, denke ich.

»Ich werde heiraten.«

»Das weiß ich schon. Die ganze Grafschaft weiß es. Du heiratest einen Moody, einen Kaufmann, einen Mann, der in der Politik Karriere machen wird. Das ist nicht schlecht. Du wirst nicht arm sein, wenn es das ist, was dir Sorgen macht, er hat gute Verbindungen.«

»Nein.«

»Was genau willst du wissen? Ob du Kinder haben wirst?«

»Nein. Ich will wissen, ob ich heiraten soll oder nicht.«

»Das ist keine Frage. Jede Frau muss heiraten. Das ist nicht der Grund, warum du hier bist.«

Ich antworte nicht. Erneut nimmt die Frau meine Hände zwischen die ihren und reibt sie. Sie hat gemerkt, dass sie trotz des Feuers schon wieder kalt sind.

»Leg dich hin«, sagt sie. Sie zeigt auf ein mit Tierfellen bedecktes Bett, das weich und bequem aussieht.

Die Heilerin verbrennt einen Zweig, der einen starken Duft verströmt; ich höre ein Glöckchen bimmeln. Als ich ein Auge öffne, sehe ich, wie sie mit dem Zweig – ich glaube, es ist Sandelholz – nur ein paar Zentimeter von meiner Haut entfernt über die gesamte Länge meines Körpers streift.

»Schließ die Augen, sonst funktioniert es nicht!«, sagt sie. »Hör mir zu. Du fährst in einem Boot einen Fluss hinunter. Der Fluss ist sehr lang und voller Stromschnellen und Felsen. Was siehst du?«

»Ich sehe meine Familie am Ufer stehen. Meine Eltern. Sie sehen mich, aber sie können nicht zu mir gelangen.«

»Was noch?«

»Jemand sitzt neben mir im Boot, aber ich kann sein Gesicht nicht erkennen.«

»Das macht nichts, dazu wirst du noch genug Zeit haben.«

»Ist das mein Mann?«

»Das ist nicht wichtig, stell keine Fragen. Was siehst du noch?«

»Das Boot schwankt, der Mensch neben mir bewegt sich, ich glaube, wir werden kentern. Und das Wasser ist eisig! Ich will nicht hineinfallen.«

»Du wirst nicht fallen, halt dich gut fest.«

»Ich sehe noch etwas … Ich weiß nicht genau, was es ist … ein grauer, geschliffener Stein, er ist wunderschön und schillert in allen Farben.«

»Ein Diamant?«

»Nein, nein, es ist ein grauer Stein, aber an einer Stelle ist er voller leuchtender Farben, Grün, Blau, Violett, sie leuchten in der Dunkelheit. So etwas habe ich noch nie gesehen. Er ist wunderschön.«

»Wie heißt er? Kannst du ihn benennen?«

»Ich habe keine Worte für etwas wie ihn. Ich habe so etwas noch nie gesehen.«

»Versuch, das Wort zu finden.«

Ich fühle, wie ein Name aus meinem Mund herausschlüpft wie eine Seifenblase, wie ein Ei, das aus einem Huhn herausgleitet, eine riesige, runde Präsenz, die gerade eben noch nicht da war. Opal.

»Es ist ein Opal«, sage ich.

»Dieses Wort gibt es nicht, Deborah.«

»Ich weiß aber, dass er so heißt. Der Stein, den ich sehe, heißt Opal.«

Als ich die Lider öffne, sieht mich die Heilerin mit zusammengekniffenen Augen an, ihren milchweißen Augen; sie ist sehr ernst, lächelt nicht mehr. Sie geht zu einem Speiseschrank, kommt mit einer Flasche und zwei Gläsern zurück, schenkt ein und befiehlt:

»Trink.«

Ich gehorche und fühle, wie mir ein teuflisch starker Branntwein durch die Kehle rinnt.

»So etwas habe ich schon lange nicht mehr gesehen. Ein Mineral braucht Tausende von Jahren, um zu entstehen, nur wenige hundert, um entdeckt zu werden, und einen Augenblick, um einen Namen zu erhalten. Du hast etwas gefunden, das noch nicht entdeckt worden ist, aber schon da war, unter der Erde lag und auf dich gewartet hat. Du hast ihm einen Namen gegeben. Du glaubst, du seist zu mir gekommen, um zu erfahren, ob dein zukünftiger Gatte dich liebt, aber in Wirklichkeit hat Gott dich hergebracht, weil du eine viel größere Aufgabe hast, auch wenn du nur eine einfache Frau bist. Vergiss die Liebe, sie wird dein Schicksal nicht bestimmen. Keiner der Männer in deinem Leben wird wirklich von Bedeutung sein. Du bist hier, damit ich dir erzähle, was aus dir werden wird. Und ich sehe Folgendes: Du wirst zwei Reisen unternehmen, und auf deinem Weg wird viel Wasser sein. Unterwegs wirst du nichtssagenden, aber fähigen Männern begegnen: Sie alle werden dich verraten. Du wirst ihnen deine gesamte Macht schenken, ohne im Gegenzug etwas von ihnen zu erhalten, obwohl du weißt, was ich dir soeben gesagt habe. Das ist deine Tragödie, und auch wenn du davon weißt, wirst du dein Schicksal nicht ändern können. Es wird Gold geben, und es wird Blut geben. Vor allem aber wirst du einem blonden Engel begegnen, und wie du dich ihm gegenüber verhältst, wird über deine Zukunft entscheiden. Erinnere dich an den Engel, das ist wichtiger als alles andere.«

Die Frau kramt in ihrer Tasche.

»Ich werde dir etwas geben, das dich beschützt.«

Sie zieht ein langes, silbriges Instrument aus dem Lederbeutel; das eine Ende ist gebogen, das andere mit einem hölzernen Griff versehen.

»Das ist ein Kauter. Siehst du? Wenn du ihn im Feuer erhitzt, ändert sich seine Farbe, er ist erst grau, dann kirschrot und zuletzt dunkelrot und dient der Heilung. Man kann mit ihm Entzündungen ausbrennen. Er wird dir helfen, das zu reinigen, was du retten musst. Es ist wichtig, dass du gesund bleibst. Du bist jung, aber du hast noch einen sehr weiten Weg vor dir.«

Meine Hände und Beine kribbeln, und die Heilerin befiehlt mir, aufzustehen. Sie begleitet mich bis zur Tür ihrer Hütte, und während ich das silberne Werkzeug in meinem Tragetuch verstaue, setzt sie hinzu:

»Vergiss das nicht, sammle jetzt deine Kräfte. Du wirst weit weg von hier leben, Deborah, sehr weit weg. Du wirst Orte besuchen, die noch keinen Namen haben und deshalb nicht zu existieren scheinen, genau wie der Stein, den du gesehen hast. Aber dir wird etwas Unerhörtes widerfahren: Du wirst den Weg übers Wasser zweimal zurücklegen und hier und an einem anderen Ort am Meer leben. Vergiss nicht, dass der Weg für dich wichtiger sein wird als das Ziel. Denk an den Weg und die Steine, die auf ihm liegen. Und an den Engel, vor allem an den Engel mit seinem wunderschönen Haar. Dieser Engel wird über alles entscheiden.«

4. CALLE ALMIRALL BARCELÓ (VORHER)

Der eigentliche Ausgangspunkt unserer Geschichte – der, auf den es ankommt – ist eine Bodega, deren Name nichts zur Sache tut. Sie liegt in einer der engsten Gassen von Barceloneta, in die nie ein Sonnenstrahl fällt, und hier lassen sich drei Frauen um die dreißig langsam volllaufen.

Der Ort ist wichtig für die Geschichte. Poliertes Holz, Mosaikboden, Marmortheke. Gerade hat man in Barcelona die alten Bodegas wiederentdeckt, wo sie einem den Wein glasweise aus lackierten Eichenholzfässern servieren und der Preis für den Liter auf handgeschriebenen Tafeln steht. Sie nennen sich »Bodega«, aber in Wirklichkeit sind es bloß teure Bars, wo die Leute durchschnittlichen Wein oder Bier vom Fass trinken, weil sie denken, dass es hier noch ordentlich gezapft wird. Dazu essen sie völlig übertreuerte Muscheln aus der Dose, und alle haben das Gefühl, in einer *authentischen Nachbarschaftsbar* zu sitzen. Irgendwann habe ich erkannt, dass *authentisch* und *Nachbarschaftsbar* gleichbedeutend ist mit schmutzig und frei von Nicht-EU-Ausländern und dänischen Touristen. Was ihre Bars betrifft, sind die Einwohner Barcelonas offen rassistisch. *Primer els de casa,* wie der Katalane sagt: Die Einheimischen zuerst.

Meine beiden Freundinnen sehen mich erwartungsvoll an. Wir alle wissen: Das ist mein Moment. Ich betrachte ihre geweiteten Pupillen und halb geöffneten Münder, während sie darauf warten, dass ich loslege. Ich zögere den Moment hinaus, sage erst mal nichts, betrachte sie weiter. Beide tragen Jeans und Frühlingsblusen, sie riechen gut, ihre Handgelenke schmücken Armbänder, die sie auf ihrer gemeinsamen Reise nach Bolivien erstanden haben, und seit dieser Reise ziert sie auch das gleiche Tattoo, eine Flamme, die sie sich in einer abgedrehten Nacht haben stechen lassen. Erzähl uns alles, sagen sie, während wir an einer eher mäßigen Wurst aus der Extremadura für achtzehn Euro pro Portion knabbern.

»Ich weiß nicht, es war seltsam.«

»Fang ganz von vorne an.«

»Aber ihr wisst doch schon alles.«

»Wann habt ihr euch geküsst?«

»Weiß ich nicht mehr, in der dritten Bar oder so.«

»Wie kann es sein, dass du das nicht mehr weißt?«

»Keine Ahnung, ich weiß es einfach nicht mehr. Außerdem ist das doch egal, oder? Das war vor zwei Monaten! Wir sind jetzt seit zwei Monaten zusammen.«

»Ihr seid zusammen!«

Meine Freundinnen kreischen vor Vergnügen, schrill wie zwei Vögel, wie die Papageien, die man entlang der Straßen auf hohen Bäumen sitzen sieht. Die Leute in der Bodega werfen uns einen kurzen Blick zu, und ich sehe, wie wir Außenstehenden erscheinen müssen, drei lärmende, biertrinkende Weiber Anfang dreißig an einem Frühjahrsnachmittag. Meine Freundinnen applaudieren, sie feiern mich, aber ich weiß nicht so richtig, wofür. Sie beugen sich verschwörerisch über den Tisch und verlangen nach weiteren Einzelheiten, um in Gedanken Daten zu ergänzen, geistige Formulare auszufüllen, Berechnungen anzustellen und die Quadratwurzeln der Möglichkeiten meiner neuen Beziehung zu ziehen. Sie überschlagen die Wahrscheinlichkeit, dass es dieses Mal klappt.

Sie geben dem Kellner ein Zeichen, dass er noch eine Runde bringen soll, sie verlangen nach mehr, mehr von allem. Also reiße ich mich zusammen und berichte weiter: Wie wir uns an der Theke einer unserer Stammkneipen in der Calle Botella im Raval kennengelernt haben, und wie ich den Typen aus einer

Sitzung im Rathaus wiedererkannte, wo er als einer der wenigen in unserem Alter nicht ausgesehen hatte wie ein Banker. »Ich mag seine Koteletten«, sage ich. Es klingt albern. Jemanden zu beschreiben, ein Bild von jemandem abzugeben, der einem gefällt, ist immer blödsinnig, die konkreten Daten sind absurd. Das ist, als würde man über ein Möbelstück oder ein Paar Schuhe reden. Ich erzähle ihnen, wie du von weitem zu mir hinübersahst und etwas zu der Bedienung sagtest und wie du dann zu mir kamst und mich angesprochen hast, und wie im Hintergrund ein Rockabilly-Song lief und ich so tat, als würde er mich interessieren, obwohl ich Rockabilly hasse, weil ich dachte, dass du mit deinen Koteletten garantiert auf Rockabilly stehst. Wir redeten über Bands, darüber, wie langweilig die Rathaussitzungen sind, und ich sah in deinem Gesicht etwas aufblitzen, eine Bereitschaft, die in mir die Hoffnung weckte, dass etwas passieren könnte. Ich glaube, es war Bewunderung. Du hast viel zugehört und wenig gesagt und über meine Bemerkungen gelacht. Ich fühlte mich bedeutend, dachte, dass in diesem Augenblick, in dieser Bar, etwas zwischen uns anfing. Dass sie eines Tages in dieser Bar eine Plakette anbringen müssten, auf der stand: *Hier fing alles an. Winter 2012*, eine dieser unauffälligen bronzenen Gedenktafeln mit eingravierten, schwarz gefärbten Buchstaben.

Aber das behalte ich für mich. Ich murmele nur etwas davon, dass du Soziologe bist und im Rathaus arbeitest, genau wie ich. Und dass du gerne kochst.

Die beiden Papageien reißen die Augen auf, und eine fragt nach seinem Nachnamen, natürlich kennt sie ihn, so ist das in Barcelona, jeder kennt jeden, und sie sagen, und dann?, sie verschlingen die Geschichte wie den getrockneten Thunfisch, der jetzt auf einem Teller vor uns steht, und ich erzähle weiter: Er hat gesagt, ich bin die Frau seines Lebens und er will Kinder mit mir haben, und jetzt sind die beiden keine Vögel mehr, sondern Wölfinnen, rasend und unersättlich. Ich verstehe, sage ich zu mir selbst. Dies ist das Fest der Monogamie, ich hatte vergessen, dass ich ab jetzt diesem Club angehöre. Das war nicht immer so. Aber es ist besser, in diesem Club zu sein als draußen. Dadurch bekommt alles einen Sinn. Es ist ein Club, der klebrig, behaglich und monoton ist wie ein Betäubungsmittel.

Sie fragen: »Und wann zieht ihr zusammen?« Die, die ihn kennt, weil in Barcelona jeder jeden kennt, sagt: »Hast du seine Ex gesehen? Nein, die andere, die Blonde. Die ist ganz witzig, aber irre, richtig irre, nicht wie du, mit dir wird er glücklich, du wirst ihm nicht weh tun.« Das ist das Wichtigste bei der ganzen Sache, denken wir, auch wenn wir es nicht aussprechen: keine Irre zu sein. Und ich muss wieder an das Mädchen mit den löchrigen Strümpfen denken, ich weiß nicht, warum ich sie vor mir sehe, wie sie mit tropfnassem Haar im Regen steht, als wäre sie gerade aus einem Fluss gestiegen, verloren und übernächtigt. Plötzlich fühle ich mich unbehaglich, ohne zu wissen, warum.

Bevor wir drei weitere Bier bestellen und endlich das Thema wechseln, notiere ich mir im Kopf noch schnell meine Hausaufgaben: in den sozialen Netzwerken nach Fotos seiner Ex suchen, herausfinden, ob sie glücklich aussieht, ob sie immer noch weit weg in einer anderen Stadt wohnt, ob sie einen Freund hat, ob sie ihm noch manchmal schreibt. Ob sie diese männliche Trophäe, die ich errungen habe, immer noch haben will, das dachte ich, genau das, damals in der Bodega, als ich noch einen Job, einen festen Tagesablauf und eine Zukunft hatte, als ich noch in diesem Gewirr aus grauen Straßen zu Hause war, als ich noch abends ausging und samstags einen Kater hatte, als ich mich noch an Namen und Gesichter erinnern konnte und ein Leben hatte, ein intaktes Leben, nicht diese vier gläsernen Wände inmitten eines höllischen Sommers.

Nicht wie jetzt, wo ich mir jeden Tag beim Aufwachen sage:

»Ich bin krank, und irgendwann wird es jemand bemerken, mein Blut ist verseucht, und irgendwann wird mich jemand dafür bestrafen: Niemand wird mit dem Leben davonkommen.«

IV. DEBORAH UND DAS QUECKSILBER

Die kalkige Erde vor meiner Stirn erinnert mich an meine Jugend. Das Gewicht des Sands ist wie das Gewicht des Mannes: Es lastet ständig auf dir.

Seit ich unter der Erde bin, habe ich unablässig an meine ersten Nächte in dem neuen Haus und an die grüne, kalte Hülle gedacht, die mich umgab. Rhododendron, Efeu, Azaleen. Ich habe mich daran erinnert, wie ich in den ersten Monaten versuchte, mich einzugewöhnen. Einer Frau in meiner Position erzählt man so manches, aber mir hat niemand irgendetwas erzählt, weil meine Mutter bald aufhörte, mit mir und meinem Vater zu sprechen, abgesehen vom Allernötigsten bei Tisch. Als meine Brüste zu sprießen begannen, betrachtete sie meine Hüften voller Abscheu, murmelte, ich sei »breit wie eine Kuh«, und vertiefte sich in die Heilige Schrift. Mich überließ sie den Dienstmädchen, die keinerlei Autorität besaßen, mir, der Erbin, der einzigen Tochter, irgendetwas beizubringen.

Eines der Dinge, die niemand mir beibrachte, war Haushaltsführung. Wie wenig hat meine Mutter mich auf das Leben vorbereitet! Sie warf mich einem Mann hin, wie man ein Wäschestück in den Korb wirft, ohne viele Umstände, und verschanzte sich wieder hinter ihrem Schweigen und ihren Gebeten. Erst viel später verstand ich, dass die Leitung eines Hauses der Steuerung eines Schiffes gleicht: Immer gibt es etwas zu tun, immer muss man Befehle erteilen, alles reinlich halten, alles vorhersehen. Nie hat man Ruhe, nie kann man unbesorgt schlafen. Man weist das Personal an, Teppiche auszuklopfen, Laken glattzuziehen, Matratzen auszutauschen. Man entscheidet, was mit den Gänsen, Kühen und Schweinen geschieht, wann man welchen Tischgästen welche Speisen kredenzt. Ja, den Tischgästen. Mein Gatte veranstaltete üppige Gastmahle, um Kontakte zu den bedeutendsten Männern unserer Grafschaft zu knüpfen, und bald erkannte ich, dass er von mir als Hausherrin erwartete, dass ich unser gemeinsames Leben organisierte und die natürliche Ordnung aufrechterhielt, unsere Besitztümer präsentierte, das Silber- oder Porzellangeschirr, die goldbemalten Kristallgläser, das polierte Holz. All das, was mir in den Schoß gefallen war und dem ich deshalb nie die geringste Beachtung hatte schenken müssen.

Mir hatte auch niemand erzählt, dass dein Mann, nachdem er bei dir gelegen hat, verschwindet. Das hatte mir niemand über die Ehe gesagt. Du heiratest und bindest dich dadurch an ein Stück Land und einen Mann. Du wirst zu einem Möbelstück, und er verschwindet. Er verwaltet die Ländereien, zählt das Geld, und du führst das Haus, an das du von nun an gebunden bist, du bist gebunden an seine Steine, den Mörtel, die Holzbalken, genau wie an ihn. Trockenes Holz, knisterndes Stroh, kratzige Wolle, das bist du jetzt und wirst es für immer bleiben. Nur selten bekommst du nachts deinen Körper zurück, wenn seine Hände ihn berühren, kneten und bewegen, bis er zerfließt. Ansonsten bist du starr und stumm. Vorher und hinterher.

Ich wurde süchtig nach diesen Besuchen, wenn mein Mann betrunken und erregt nach Hause kam und sich auf mich stürzte. Wenn ich nur so existierte, was gab es dann Besseres, als zu existieren? Nur dann ergab alles einen Sinn. Wieder und wieder wartete ich auf diesen Akt der Anerkennung, darauf, dass er mich ansah und ich endlich mehr sein konnte als ein Stück Vieh oder ein Stuhl. In diesen kurzen Augenblicken besaß ich alle Macht, ich war eine Königin mit einer funkelnden Krone, und jeder Tropfen Blut, der durch meine Adern floss, war flüssiges Quecksilber. Ich hätte ein Tier mit einem einzigen Biss töten können, weil ich in dieser kurzen Zeitspanne endlich existierte, und mit mir die Wörter, der Rhythmus, die Sprache.

Ich war noch nicht lange verheiratet, da wölbte sich mit einem Mal mein Leib. Meine Haut wurde weicher, empfindlicher, mein Geruch veränderte sich. Mein graubraunes Haar wurde dunkler, und alles um mich herum nahm eine andere Konsistenz an, wie die Haut einer Frucht, die sich bis zum Platzen dehnt. In diesen Tagen begehrte ich ihn mehr denn je; ich bat Gott, er möge bei mir bleiben, denn ich war unersättlich. Er beschwerte sich, sagte, er könne nicht ständig zu Hause bleiben, er habe Geschäften nachzugehen. Ich biss die Zähne zusammen, aber das genügte nicht, also zog ich mir die Haare straff und flocht sie zu Zöpfen, die ich über meinen Ohren so fest zu Schnecken drehte, dass meine Haut an den Schläfen spannte. Auf diese Weise hatte ich das Gefühl, dass etwas mich auf der Erde festhielt, sodass ich nicht vor lauter Begehren abhob.

Als meine Patin zu Besuch kam, sah sie meine völlig ungerührte Mutter an, zog mich in eine Ecke und enthüllte mir, was für alle außer mir offenkundig war: »Du bist schwanger, wieso hast du das denn nicht bemerkt?«

5. CALLE HERMOSILLA (JETZT)

Manchmal gehe ich zu Zara. Seit ich in Madrid lebe, achte ich darauf, es nicht zu oft zu tun. Wenn ich merke, dass ich es mal wieder brauche, plane ich ganz genau das Wie und Wann, immer an einem Wochentag zwischen zehn und zwölf, in Läden in teuren, ruhigen Vierteln, mit rechtwinkligen Straßen und weißen, stuckgeschmückten Gebäuden, die an Schlagsahne erinnern, und deren Verkäuferinnen und Kundinnen mich in Ruhe lassen. Ich versuche, meine Ausflüge zu dosieren, aber wenn ich sie brauche, schleiche ich in Gegenden mit Jagdbekleidungsgeschäften und Wiener Cafés herum, bis ich bei meinem eigenen Tempel angelangt bin. Kurz bevor ich ihn betrete, mache ich immer eine Pause, um die Freude auszukosten, die mich beim Durchschreiten der Metalldetektoren am Eingang packt.

Ja, die Zara-Läden sind für mich ein Geschenk, so kostbar wie ein sorgfältig poliertes Juwel. Die Zara-Läden sind meine Saphire, die ich an ganz besonderen Tagen spazieren führe. Sie sind so etwas wie eine Huldigung, ein heißes Entspannungsbad. Sobald ich den Laden betrete, schlägt mir die Kälte der Klimaanlage entgegen, aber das schreckt mich nicht ab, sondern gibt mir im Gegenteil ein Gefühl von Sicherheit. Die Zara-Läden sind das Fruchtwasser, in dem ich schwimme; ich schwebe über die elfenbeinfarbenen Fußböden, durch die tausend, zweitausend, dreitausend Quadratmeter großen, gleichmäßig minuziös über mehrere Stockwerke verteilten Verkaufsflächen. Es gibt keinen Ort, an dem ich mich geborgener fühle.

Schlafwandlerisch umkreise ich die Kleidungsstücke. Ich gebe vor, sie mir anzusehen, aber das tue ich nie. Während ich mit langsamen, großen Schritten an ihnen vorbeigehe, befühle ich die Materialien der Herbst- und Winterkollektion. Im Vorübergehen betrachte ich scheinbar den falschen Kaschmir, die Wolle, die Plastikknöpfe, die Pullover, die farblich so geordnet sind, dass sie wie eine Regenbogenflagge aussehen. Ich spiele eine ganz normale Kundin, spiele meine Rolle ausgezeichnet. Ich sehe aus wie eine Müßiggängerin, die zwischen Brunch und UV-facial einen kleinen Spaziergang macht. Dabei stört mich die Ibiza-Chillout-Musik nicht, diese *easy listening*-Version von »Come as you are« von Nirvana lässt mich kalt, deshalb bin ich nicht hier.

Und während ich an diesem Dienstagmorgen im Spätsommer im Stadtteil Salamanca so tue, als wäre ich eine Kundin, die alle Zeit der Welt hat, lässt der Geruch des Ladens, eine schwer zu beschreibende Mixtur frischer Düfte, meinen Puls und meinen Atem schneller gehen.

Als diese Düfte endlich in Wellen über mich hereinbrechen, bin ich dermaßen überwältigt, dass ich mich an einer Reihe von Kleiderbügeln mit fruchteisfarbenen Pullovern festhalten muss, um nicht umzufallen. Ich bin süchtig nach dem Raumspray von Zara. Sein Geruch versetzt mich in Rausch.

Mein Blick vernebelt sich – und dann passiert es. Plötzlich tauchen Bilder von Weißweingläsern am Ufer der Seine vor mir auf, von einem Sommerwald, in dem glänzende dicke Fliegen mich umschwirren. Ich sehe einen flaschengrünen Bach, der in einem Wasserfall hinunterstürzt. Ich beobachte, wie meine Füße vor Kälte weiß werden, als ich sie ins Wasser halte. Irgendwo in der Ferne erklingt Kinderlachen. Eine Schale Himbeeren auf der Türschwelle einer Hütte, irgendwo auf dem Land.

Eine Bibliothek voller ledergebundener Folianten, in deren Stille ich verregnete Vormittage verbringe. Dieser eine Tag des Jahres 1994, eigens für mich geschaffen. Ich bin Kunstgeschichtsstudentin, spezialisiert auf die italienische Renaissance, trage mein Haar zu einem Pferdeschwanz zusammengebunden und einen kuscheligen Pullover aus Rohwolle. Meine langen, schmalen Finger blättern in einem alten Traktat, und gleich werde ich Evan oder Nathaniel kennenlernen, sein Name variiert je nach Tageslaune, aber das ist egal, wichtig ist, dass es der Mann ist, den ich heiraten werde. Ich sehe ihn am anderen Ende des Saals, er strahlt Kraft und Männlichkeit aus. In meinem Tagtraum hat er nicht immer ein Gesicht, meist ist er nichts weiter als ein Schemen mit langer Mähne, Hornbrille und langen Armen und Beinen. Sein Körper ist immer der gleiche, der des Engländers, und manchmal hat er auch sein Lächeln, aber ich will jetzt nicht an den Engländer denken. Jetzt denke ich nur an Evan oder Nathaniel, daran, wie wir uns über die Länge des Lesesaals hinweg ansehen und er auf mich zukommt. Mit seiner tiefen Stimme fragt er mich nach einem Buch, und ich werde rot und verkrieche mich in meinem Pullover. Eine Sekunde später ein anderes Bild: ein Zimmer in Edinburgh, wo ich an meiner Doktorarbeit in Spekulativem Realismus arbeite. Evan oder Nathaniel trägt eine Tweedjacke, darunter einen Hoodie, ich weiß, dass er sich inzwischen einen Bart hat wachsen lassen, er küsst mich liebevoll und nimmt mein Gesicht zwischen seine Hände. Als er mich bittet, mit ihm seine in Finnland lebende Familie zu besuchen, ist sein Blick so unschuldig, dass Liebe und Gelassenheit mich durchströmen. Gleich darauf der Vorschlag: Und wenn wir einfach in Helsinki blieben? Wir beide mögen die Stadt und könnten dort unsere jeweilige Karriere fortsetzen. Wir sehen uns in die Augen, denken an unsere gemeinsame Zukunft und gestehen einander schüchtern, was wir wirklich wollen: zwei Kinder. Im folgenden Jahr kommen unsere beiden wunderhübschen blonden Zwillingssöhne zur Welt. Wir sind junge, gutaussehende, abenteuerlustige Eltern. Im Sommer laufen wir durch Weizenfelder, umtollt von unseren Kindern, essen Käse und frisch geerntete Trauben. Mehrmals pro Woche lieben wir uns langsam und ausgiebig, unsere Freunde sind Schmuckdesigner oder machen anspruchsvolle elektronische Kunst, sie machen sich Sorgen um die digitale Überwachung und diskutieren über den Klimawandel. Ich sehe uns, wie wir im gemeinsamen Urlaub in einem Haus in Sizilien rund um einen gedeckten Tisch sitzen, wir lächeln, während wir einen Wein aus der Gegend trinken, nachmittags spielen wir lachend mit unseren Kindern.

Der Duft in den Zara-Läden wird per Hand versprüht, aber auch über die Klimaanlage verteilt, sodass er in jeden Winkel dringt und sämtliche Kleidungsstücke tränkt. Der Duft nach frischen Blumen, Holz und Weihrauch gelangt an meine Nasenschleimhaut und erfüllt mich mit falschen Erinnerungen, von denen ich mir so verzweifelt wünsche, sie wären echt, dass mich manchmal – in den Phasen, in denen meine Depression mich zu überwältigen droht – eine rasende Wut packt, wenn eine Verkäuferin auf mich zukommt, um mich zu behelligen. Die Wut verbrennt mich wie eine blaue Wasserstoffflamme, eine zügellose Raserei macht mich blind, sodass ich am liebsten jemanden schlagen würde. Nur mit schier übermenschlicher Kraft bekomme ich mich wieder in den Griff. Und mit einer genau dosierten Mischung aus Lorazepam und Fluoxetin. Und in dem Moment, in dem ich alles verliere, was ich nie hatte, was nie existierte, Evan, unsere Kinder, alle unsere Freunde, das Haus, das ich geschmackvoll mit handgewebten Teppichen und französischem Steingut eingerichtet hatte, wenn all das verschwindet, breche ich in irgendeiner Zara-Filiale irgendwo in der Stadt plötzlich in Tränen aus. Ich hätte so ein Leben verdient. Warum habe ich es nicht? Wer hat es mir gestohlen?

An den schlimmsten dieser Tage muss ich dann bei VIPS einkehren, wo ich mir mit tränenüberströmtem Gesicht eine heiße Schokolade oder frittierte Oreos oder ein paar Eggs Benedict mit Sauce béarnaise gönne, nachdem ich tagelang nichts gegessen habe. Das ist das Einzige, was mich beruhigt.

An anderen Tagen, wenn es nicht ganz so schlimm ist und ich es schaffe, allein von meiner inneren Reise zurückzukehren, tröstet mich der Gedanke, dass es weltweit zweitausendzweihundertundzweiunddreißig Zara-Filialen gibt, die alle genau gleich riechen. In London, Dubai oder São Paulo. Ich muss gar nicht verreisen. Hier, zwischen Lackstiefeln und kirschfarbenem Lipgloss, habe ich alles, was ich brauche.

V. DEBORAH UND DAS FIEBER

Die Schwangerschaft verlief mühsam und kompliziert, aber das Personal umsorgte mich wie ein gut geöltes Räderwerk. Die Dienstmädchen bemühten sich, mir jeden Wunsch von den Augen abzulesen, und da ich nichts vertrug außer Süßwasserfisch – alles andere schmeckte mir nach nichts –, ging jeden Morgen jemand angeln und kam mit Forellen oder Barben zurück, die mir die Köchin zum Frühstück, Mittagessen und Abendessen zubereitete. Ich war unersättlich, auch wenn meine Essgewohnheiten meinen Mann anwiderten und er meine Launen nur aus Berechnung ertrug: Ein Stammhalter war unterwegs, und dies war mein Moment. Jeden Nachmittag wurden die Laken gewechselt, weil mir selbst die feinsten Leintücher unerträglich schwer erschienen. Das ging so lange, bis eines Tages im Winter die Wehen einsetzten.

Es begann mit einem schneidenden Schmerz, der mich wie ein Blitz durchfuhr, sodass ich halb ohnmächtig neben dem Badezuber zu Boden sank. Mein erster Gedanke galt meinem Ehemann, der mit einem begüterten Nachbarn auf der Jagd war. Ich fühlte den kalten, feuchten Boden an meiner Stirn wie die Berührung einer Nacktschnecke. Jemand rief nach der Hebamme, dann legten sie mich ins Bett. Die Hebamme war schnell und geschickt und vergeudete keine Zeit, sie sagte mir, dass ich dank meiner Konstitution keine Schwierigkeiten haben würde, und begann, Befehle zu erteilen. Sie brachten Parfüm und warmes Wasser, Tücher und Heilkräuter und sagten mir, ich müsse atmen. Atme, sagten sie zu mir. Halte durch, sagten sie, und ich fühlte, wie von den Füßen her eine Flamme über meine Haut lief, glühend heiß und eiskalt zugleich. Ich verlangte nach Wasser und Eis, ich verbrannte und gleich darauf erfror ich, und alles tat mir weh. Eine Ewigkeit verging, in der ich Stimmen hörte, du bist stark, halte durch, halte durch, und mein ganzes Gewicht verlagerte sich in meinen Unterleib, und ich fühlte, wie sich Schlangen und Feuer überkreuzten, und vor meinen Augen tanzten grüne und gallegelbe Funken, ich fühlte, wie sich zwischen meinen Beinen etwas breit machte wie Lehm, etwas, das wuchs und Schuppen und eine gespaltene Zunge hatte, und flehte sie an, sie sollten es herausziehen, zieht es heraus, und zwar sofort. Dann das verzerrte Gesicht der Hebamme, sie murmelte »Sie hat hohes Fieber, lange hält sie das nicht mehr durch«, und am Ende ein süßer, widerwärtiger Geruch, den ich damals nicht zu deuten wusste, später aber wiedererkannte: Es war der Geruch nach Verwesung und Tod. Erst viele Jahre später würde ich ihn erneut riechen.

Als mein Mann nach Hause kam, wusste ich schon, dass ich ein totes Kind geboren hatte. Er kehrte nie wieder in mein Bett zurück. Ich las in seinen Augen, dass er aufs falsche Pferd gesetzt hatte, und verstand, dass ich ihn anekelte und dass das für immer so bleiben würde.

An die darauffolgenden Wochen erinnere ich mich kaum, nur daran, dass ich ihn rufen ließ, als ich genesen war und meine Wangen wieder Farbe hatten. Wir trafen uns in seiner Bibliothek, dem Raum, in dem er seine Geschäfte tätigte.

»Du hast dir mein Geld und meine Ländereien genommen, aber offenbar werden wir ohne Nachkommen bleiben«, sagte ich. »Wenn du willst, dass wir so weiterleben, einander kaum sehen, soll mir das recht sein. Aber lass uns wenigstens offen reden, lass uns eine Übereinkunft treffen, wie es weitergehen soll.«

Mein Gatte wandte mir den Rücken zu. Wie seltsam sie doch sind, die Männer. Ich erinnere mich daran, als wäre es heute.

»Ich will dir nichts vormachen«, sagte er. »Du bist eine gottesfürchtige Frau, und es ist deine Pflicht, mir Kinder zu schenken. Nun scheint es, als wäre das nicht möglich, jedenfalls nicht in nächster Zeit, und ich glaube nicht, dass du eine Trennung von Tisch und Bett wünschst. Siehst du, ich brauche es nur zu erwähnen, schon wirst du vor Angst leichenblass. Oh, du alte Frömmlerin. Mach dir um mich keine Sorgen, meine Blutlinie wird fortbestehen, wenn natürlich auch nicht ganz rein.« Er drehte sich zu mir um und sah mir in die Augen. Dann holte er tief Luft und sagte den Satz, der alles verändern sollte. »Ich habe einen unehelichen Sohn.«

Ich biss die Zähne zusammen, um die Tränen zurückzuhalten und mir meine Überraschung nicht anmerken zu lassen. Ich zählte. Eins, zwei, drei. Zählte die Grashalme, die man durchs Fenster sah. Plötzlich drückte die Luft wie eine bleischwere Last auf meine Schultern, ich wog sie sorgfältig ab und beendete mit einem Federstrich meine Jugend. »Wie heißt er?«

6. PLAZA JAUME SABARTÉS (VORHER)

Die Terrasse ist sonnenbeschienen. Es ist einer dieser typischen Spätfrühlingstage in Barcelona: feucht, kühl und lichtdurchflutet. Deshalb sitze ich hier und genieße den Morgen. Die Wohnung ist klein und für ihre Lage mitten im Zentrum halbwegs bezahlbar. Zwar hat sie Feuchtigkeitsflecke und dünne Wände, aber eben auch diese hübsche Terrasse, das ist ihr größter Vorzug, wie mir der Immobilienmakler bei der Besichtigung erklärte, »sogar mit Terrasse!«, und deshalb wird sie von Jahr zu Jahr teurer, als würde es den Typen höchstpersönlich nerven, dass jemand sich in der Wohnung wohlfühlt, als würde er eine eigene Tourismustaxe erheben. Und so nutze ich die Terrasse bei jeder Gelegenheit, sie ist wie ein unbeschreiblicher Luxus, wie eine thailändische Wellnessoase, und ich ergötze mich an der Aussicht. Erst kürzlich wurde der Platz vor unserem Haus umgestaltet. Nicht viele Leute wissen, dass unter dem Pflaster die Überreste einer iberischen Siedlung liegen, Spuren der Layetaner, die vor langer Zeit hier lebten: Keramikscherben, Bronzekugeln und mehrere Metallobjekte – Skalpelle und Kauter zur Behandlung von Kranken. Die Stadtverwaltung hat beschlossen, die Bauarbeiten nicht einzustellen und alles unter einer Decke aus Asphalt und glänzenden Pflastersteinen zu begraben, über die jetzt die Touristen und die wenigen noch verbliebenen Bewohner des Viertels spazieren.

Wenn ich mich in meinem Stuhl zurücklehne, kann ich das Meer und die Flugzeuge sehen, die in einer Linie darüber hinwegfliegen. Ich versuche, mich auf das Buch in meinen Händen zu konzentrieren, aber immer wieder lenkt mich der Gedanke ab, dass wir unbedingt etwas gegen die Feuchtigkeit unternehmen müssen. Die Zementdecke der niedrigen Mauer ist rissig, die Farbe wirft die ersten Blasen, die ich selbst mit der lächerlich geringen Kraft meines Ringfingers zum Platzen bringen kann. Darunter rieselt Sand hervor. Diese Feuchtigkeit wird langsam zum Problem, denke ich. Früher, als ich noch alleine lebte, war mir das egal, aber in der Zweisamkeit können wir die Terrasse nicht in einem solchen Zustand lassen.

Seit du bei mir wohnst, hat sich hier vieles verändert, und diese Veränderungen haben sich wie im Halbschlaf vollzogen, ohne dass man so richtig wüsste, wann und wie es passiert ist. Drei Monate nachdem wir uns kennengelernt hatten, bist du bei mir eingezogen, und jetzt sind die Wände elfenbeinweiß gestrichen, es gibt einen neuen Tisch und neue Stühle, ein bisschen wackelig, aber sehr ansehnlich, und das Sofa hat einen Überzug aus gewebter Wolle, der der Wohnung einen gemütlichen Vintagelook verleiht. Es duftet nach frisch gekochtem Essen, und ich komme nur noch selten zum Lesen. Ich nehme an, das ist das, was man Häuslichkeit nennt, denn obwohl ich vorher schon Beziehungen hatte, habe ich noch nie mit einem meiner Partner zusammengelebt. So ist das, wenn man einen Lebensgefährten hat: Man ist weniger konzentriert, arbeitet weniger, sitzt öfter auf dem Sofa und sieht Filme, verstrickt sich in kindische Diskussionen um Alltagskram. Welches Obst man kaufen soll, wo man die Glühbirnen hingelegt hat, wer mit dem Abwasch dran ist.

Und wir besitzen Dinge. Schrecklich viele Dinge. Wir haben ein Klavier, unzählige Bücher, Postkarten mit Grüßen aus Berlin, Bergstiefel, Halstücher und Flanellhemden, dicke Wollpullover, Unmengen an Dingen. Es gibt gegarte Miesmuscheln und Schmorbraten, den man über Stunden hinweg so liebevoll zubereiten muss wie ein Kunstwerk. Ich habe dir eine Pflanze geschenkt. Das war nach irgendeinem Streit, ich weiß schon nicht mehr, worum es ging. Jedenfalls nicht mehr genau. In dieser festen Beziehung, von der wir beide hoffen, dass sie eine Zukunft hat, passiert mir etwas mir Unbekanntes: Ich habe Mühe, zu erfassen, was zwischen uns ist. Du fragst mich, wie ich mich fühle, und ich weiß nicht, was ich sagen soll, die Antworten rieseln mir durch die Finger wie der feuchte Sand auf der Terrasse, es stört mich, dass ich mich erklären muss, dass du dich nicht in mich hineinversetzen kannst. Ich glaube, das ist der Moment, in dem ich anfange, Beruhigungsmittel zu nehmen. Manchmal sind unsere Auseinandersetzungen wie Strudel aus Abwasser, die mich in sie hineinziehen, sodass ich nicht mehr herauskomme. Und dann kann ich nicht schlafen. Du sagst, dass man nicht schlafen gehen sollte, ohne sich versöhnt zu haben. Von Zeit zu Zeit erscheint mir dein Körper seltsam fremd, ich wache mitten in der Nacht auf und starre in dein Gesicht, ohne es zu erkennen. Eine Bürokollegin hat mir mal erzählt, dass ihr das mit ihrem ersten Kind genauso ging: Manchmal stand ihr Sohn neben ihrem Bett und sah sie an, und wenn sie dann aufwachte und in das Kindergesicht direkt neben ihrem Kopfkissen blickte, erkannte sie ihn nicht und zuckte erschrocken zusammen. Ich habe eine Zweierbeziehung geboren, denke ich und lache in mich hinein, als wäre dieser Gedanke ein fieser Streich. Plötzlich fühle ich mich schuldig. Wenn wir uns streiten, will ich im Grunde nur, dass alles wieder gut ist. Dass ich mich so friedlich fühle wie heute, an diesem Tag im Spätfrühling.

Deine Gesichtszüge sind ebenmäßig, harmonisch. Das mag ich an dir. Der Kopf, die hellen Augen, die Größe – alles passt zusammen. Ich habe mir einen gut aussehenden, anständigen Lebensgefährten geangelt, das sagen alle Frauen um mich herum. Selbst meine überkritische Mutter kann dich gut leiden. Sie hat mir erklärt, dass du zuverlässig bist und dass zuverlässige Männer heutzutage selten sind. Als ich ihr erzählte, dass du mich nach unserem ersten Treffen nach Hause gebracht und tags darauf angerufen hast, um mich zu dir einzuladen, und dann für mich gekocht hast, war sie zufrieden. Inzwischen weiß ich, dass du es magst, etwas mit den Händen zu tun, dass dich das entspannt. Heute sagst du, du würdest mir gern die Haare schneiden. Eigentlich will ich das nicht, aber es wäre zu kompliziert, dir zu erklären, wie viel mir an dem Ritual liegt, in einen Salon zu gehen, wo niemand mich kennt, dass ich den Duft nach Parfüm und die oberflächlichen Gespräche zwischen Frauen liebe und es genieße, mich beim Verlassen des Ladens wie neu zu fühlen. Ich fange an, es dir zu erklären, aber du lachst mich aus, und ich merke, dass du mich manchmal ein bisschen prätentiös findest. Trotzdem liebst du mich, das weiß ich, ich sehe es in deinem Blick. Diese Art von Liebe kann man nicht vortäuschen. Du liebst es, mich zu umsorgen, aus unserer Wohnung ein Heim zu machen, ein erwachsener, verantwortungsvoller Mann zu sein, so wie die Männer früher. Wenn ich dich nicht kennen würde, würde ich dich für konservativ halten.

Nachts, wenn alles still ist und mein Körper sich müde und schwer anfühlt, liebe ich es, dich von hinten zu umarmen, ohne dich zu wecken. Dann fühle ich mich vollkommen. Ich sage mir, dass du mich vor allem bewahren wirst, was ich zuvor im Leben falsch gemacht habe. Vor den Fehlern, der vergeudeten Zeit, vor denen, die mich nicht wahrhaftig geliebt haben.

Aber jetzt, in diesem sonnigen Augenblick, höre ich, wie du meinen Namen rufst, und als ich mich umdrehe, stelle ich überrascht fest, dass es ein Trick war, um ein Handyfoto von mir zu machen. Jahre später wird dieses Foto der Beweis dafür sein, dass ich diesen Moment tatsächlich erlebt habe, dass es ihn gab. Ich sehe mich auf diesem Foto. In einem weißen T-Shirt, mit Sonnenbrille und nackten Füßen, den Oberkörper der Kamera zugewandt, sitze ich auf einem alten klapperigen Stuhl auf der Terrasse mit Feuchtigkeitsflecken, halte ein Buch in der Hand und lächele dich an. Dieser Moment, an den ich mich nicht mehr erinnere.

Ruhig und zufrieden wende ich mich gleich darauf wieder der Lektüre zu, versuche, die vergessene Gewohnheit wieder aufzunehmen, aber du kommst raus auf die Terrasse, um irgendwas mit mir zu besprechen, und mir fällt zum ersten Mal auf, dass du dir einen Bart wachsen lässt. Du willst nicht länger der Junge mit den Koteletten sein, denke ich, willst alles Jugendliche abstreifen und ein reifer, zuverlässiger Mann sein. Dir ist das vielleicht gar nicht bewusst, aber ich erkenne es, und es erfüllt mich mit Zärtlichkeit. Du nennst mich Liebling, zeigst mir, dass du mich brauchst. Immer bittest du mich bei allem um Hilfe, willst bei jeder Kleinigkeit meinen Rat: bei jeder Hose, die du kaufst, jeder Rechnung, die du der Stadt stellst. Du willst, dass ich unser Geld verwalte, dir sage, wie es beruflich mit dir weitergehen soll, meine Meinung ist entscheidend. Das verleiht mir Macht, eine ungeahnte Kraft. Die Energie, die ich in meiner Magengegend spüre, macht mich ruhiger, gefestigter. Wenn ich etwas bei IKEA bestelle oder beim Elektriker anrufe, weil die Leitung kaputt ist, spreche ich von dir als »meinem Mann«. Ich! Meine Freundinnen würden sich totlachen, wenn sie es wüssten. Ich, die immer einen weiten Bogen um alles gemacht hat, was nach trautem Heim aussah, ich, die immer genervt war, wenn die Rede auf Vorhänge oder Parkettböden kam. Aber obwohl du nicht mein Mann bist, brauche ich diesen Ankerplatz, dieses Wort, und wenn ich es ausspreche, *mein Mann*, wird das Gefühl in meinem Magen stärker, präsenter, und ich konzentriere mich darauf und sorge dafür, dass es wächst. Mein Mann, denke ich und stehe auf, um den Tisch fürs Mittagessen zu decken, weil ich beim Lesen schon wieder den Faden verloren habe und irgendjemand schließlich den Salat machen muss, wenn wir heute noch essen wollen.

VI. DEBORAH UND DER SCHWARZE MARMOR

Alle Männer ähneln sich. Ich habe lange gebraucht, um diese Wahrheit zu erkennen, und jetzt, Jahre später, als ich meinen toten Ehemann betrachte, wie er in London auf dem schwarzen Marmortisch seiner Bibliothek liegt, denke ich darüber nach. Die Weisheiten, die wir Frauen einander zuflüsterten, wenn wir in unseren Zimmern beisammensitzen, sind fast immer wahr. Alle Männer gleichen einander, aber vor allem gleichen sie sich selbst. Hier liegt er nun also, mein Gatte, vornehm gekleidet, auf dem Tisch, der von einem purpurfarbenen Samttuch bedeckt ist, genau, wie er es bestimmt hat. Bei der Vorbereitung der Totenwache musste ich an mich halten, keine Bemerkung über seinen Geschmack zu äußern, der den Emporkömmling verrät. Wie er da so liegt, erinnert der über hundertfünfzig Kilo schwere, wachsbleiche Mann an einen Truthahn, der darauf wartet, zerlegt zu werden. Der groteske Anblick hat nichts mit der Strenge unseres Glaubens gemein.

Der Tisch wurde gebracht, als mein Mann gerade wieder einmal unterwegs war, ein schwarzes Ungetüm, gewaltig wie ein Stier. Es sei ein Schreibtisch aus Marmor, erklärten mir die Dienstboten eilfertig. Er habe Nero Portoro ausgewählt, sagten sie, einen italienischen Marmor mit goldfarbener Äderung. Ein edles Material, das teuerste überhaupt, murmelte eines der Dienstmädchen, das hübsch wie eine Blume war und das ich nur angestellt hatte, um ihn in Versuchung zu führen. Ich hatte wachsendes Vergnügen daran, ihm dabei zuzusehen, wie er sich, wenn er unser Haus mit seiner Anwesenheit beehrte, vor mir versteckte, um mit den Dienstmädchen in irgendeiner Ecke wie ein Vieh Unzucht zu treiben.

Jetzt berühre ich die polierte schwarze Oberfläche, die alles Licht verschluckt. Ich berühre den polierten Stein, der so eisig ist wie der Grund eines Sees. Ich stelle mir vor, wie viel Schweiß es gekostet haben muss, die Laune eines reich gewordenen Bauern aus der Provinz zu erfüllen. Er ist scheußlich, denke ich und weise eines der Dienstmädchen an, das Wasser für die Lilien zu wechseln, weil sie anfangen zu welken und mich melancholisch stimmen. Bei all den Gästen, die bald hier eintreffen werden, kann ich keine welken Blumen gebrauchen. Parlamentsmitglieder, Geschäftsmänner, Viehzüchter – alle wollen bewirtet sein.

Die Erkenntnis kam spät, doch irgendwann, nachdem ich aufgehört hatte, das Bett mit ihm zu teilen, verstand ich, dass der Mann, den ich geheiratet hatte, meinem Vater allzu ähnlich war: Jemand, der schwere, harte Landarbeit kannte und es ohne fremde Hilfe bis nach oben geschafft hatte. In den langen Zeiten seiner Abwesenheit hatte ich Muße, mir gewahr zu werden, was aus mir geworden war. Tatsächlich war Zeit das Einzige, was ich besaß, und so konnte ich eigene Gedanken fassen. Das war der Grund, weshalb ich mir ausgerechnet diesen Mann ausgesucht hatte: Ich hatte seinen Überlebenswillen und seinen gesellschaftlichen Aufstieg fälschlicherweise für Männlichkeit gehalten. Wie dumm von mir. Hätte ich das früher erkannt, wäre mir alles erspart geblieben, was später geschah. Genau wie mein Vater hatte mein Mann sich seine Zukunft hart erarbeiten müssen, er verstand etwas von Pferden, Kühen und Äckern, aber er war kein Stadtbewohner, der ein Landgut besaß. Er war ein Bauer, der zu sehr an der Scholle geklebt hatte, der schmutzige Fingernägel hatte und nach Mist stank. Deshalb strebte er nach Besitztümern. Oh, wie versessen er auf Besitztümer war! Aber nicht irgendwelche, sondern nur die allerfeinsten. Seide, Gewürze, Gold, erlesene Speisen, schäumende Weine. Dinge, die ihn vergessen ließen, woher er kam. Jetzt, da er mich geheiratet hatte und nicht länger ein einfacher Bauer war wie sein Vater und Großvater, besaß er ein beträchtliches Vermögen. Doch das genügte ihm nicht: Er strebte auch nach Macht.

Eines Tages im Sommer kam er von einer mehrtägigen Reise nach London zurück und verkündete mir, nun sei ich die Gattin eines Baronet. Ich stellte keine Fragen, denn ich wusste auch so, dass es ein lächerlicher Titel war, den er für einen Gutteil meiner Mitgift von irgendeinem höfischen Speichellecker erworben hatte. Ich protestierte nicht, ich verstand.

Während das Wachs in dem Raum, in dem er aufgebahrt liegt, von den Kerzen tropft, betrachte ich seinen Wanst, der aufgetrieben ist von zu viel Wein und Kapaun. Ich denke an die Abendessen, die er aus politischem Kalkül veranstaltete, an die anderen Frauen. Er dachte, ich wüsste nichts von ihnen, oder schlimmer noch, er glaubte, es wäre mir egal. Die Männer gleichen sich selbst so sehr – und ich hatte zuletzt die Kunst der Verstellung erlernt.

»Wir gehen in die Stadt«, sagte er.

»Nach Bath?«

»Nein, Frau. Nach London. Ich bin als Abgeordneter für Malmesbury ins Parlament gewählt worden. Ich habe genau das richtige Domizil für uns gefunden, ganz in der Nähe von Westminster, und ich brauche dich dort.«

Mir schwirrte vor Freude der Kopf. London? Endlich? Doch dann überkamen mich Zweifel. Ich hatte mich an das Haus, die Dienstboten, den Wechsel der Jahreszeiten gewöhnt.

»Ich komme nicht mit.«

»Natürlich kommst du mit. Ich werde nicht zulassen, dass du hierbleibst und dich in ein Dorftrampel verwandelst, wie würde ich denn dastehen? Ab sofort hast du eine neue Aufgabe: Du wirst die Frauen der anderen Abgeordneten unterhalten. Wir müssen ihr Vertrauen gewinnen, und dafür brauche ich dich. Du hast gelernt, dieses Haus zu führen, du bist klug und schnell. Deshalb ist es unabdingbar, dass du mitkommst und unser neues Leben gestaltest.«

Nun liegst du leblos vor mir, Henry Moody, und ich habe beinahe alles vergessen. Ich habe unsere ersten Morgen vergessen, deinen blonden Bart, deine kurzen kräftigen Hände, die du verabscheutest und die ich anfangs so sehr liebte. Ich habe vergessen, dass dein Körper nach Salbei roch, bevor du zu diesem eitlen Pfau wurdest, der in diesem Moment vor mir liegt, bevor du dich entschlossen hast, ein Parvenu zu sein, auf den alle hörten, weil du vom Land kamst und eben darum ehrlich sein musstest, manchmal vergesse ich, wie dumm die Leute sind. Männer ändern sich nie, und die Leute sind dumm.

»Nur unter einer Bedingung. Der Junge kommt mit.«

Die trübe, zähflüssige Stille breitete sich aus wie eine Pfütze. Ich sah, wie du blitzschnell Berechnungen anstelltest und mit einer unwillkürlichen Bewegung nach den Ausgängen aus dem Zimmer suchtest, wo waren die Türen, wie schnell konntest du die nächstgelegene erreichen. Er wird ein guter Parlamentarier sein, dachte ich.

»Deborah, der Junge hat eine Mutter.«

»Nein. Ich habe dir deine Untreue verziehen, du hast meine Ländereien verschleudert und mich vor aller Augen gedemütigt. Wenn wir neu anfangen sollen, will ich ein Kind.«

»Und was verlangst du, dass ich tue? Soll ich ihn entführen? Hast du den Verstand verloren?«

»Du bist doch jetzt Baronet und Politiker, nicht wahr? Lass sie einsperren. Sie ist eine verheiratete Frau und eine Ehebrecherin. Es wird ein Leichtes sein, jetzt, da du so viel Macht besitzt. Wir nehmen den Jungen, er kommt mit uns nach London. Er wird heißen wie du, Henry Moody. Er ist erst zwei, und von nun an werde ich seine Mutter sein. Das ist meine einzige Bedingung.«

Einige Tage später kam eine unscheinbare, traurig aussehende Frau zu uns und brachte uns das schönste Kind, das die Welt je gesehen hat, einen blond gelockten Jungen mit mandelförmigen Augen, die mich aus einer Höhe von drei Spannen über dem Boden aufmerksam betrachteten.

Herr, nun, da Du mich verlassen hast, hoffe ich, dass Du mir meine Sünden verzeihst. Ich weiß, sie sind zahlreich, und ich weiß, es hat Dich Mühe gekostet, aber so ist es nun einmal mit der Liebe, sie verlangt einem immer neue Mühen ab, und ich habe mein Leben Dir geweiht. Sollte es eine Sünde geben, für die ich noch nicht gebüßt habe, verzeih sie mir, sag mir, wo ich bin, und hol mich hier heraus, von diesem Ort unter der Erde.

Und so gingen mein Mann und ich nach London. Von unserem Landsitz begleitete uns niemand, kein einziger Bediensteter, nur Henry. Mein Mann bestand darauf, dass der Marmortisch mitgenommen werden müsse. Er und seine Besitztümer. Später haben wir als Beweis für unsere neue gesellschaftliche Stellung unzählige Dinge angehäuft, aber dieser Tisch machte den Anfang. Drei Pferde waren nötig, um ihn zu transportieren, drei bemitleidenswerte Tiere, die geopfert werden mussten, kaum dass wir das Stadttor erreicht hatten, weil sie nach der Reise, die ungewöhnlich lange gedauert hatte, am Ende ihrer Kräfte waren. Ich hörte, wie der Kutscher erzählte, der Karren sei unter der enormen Last alle drei bis vier Tage zusammengebrochen.

7. CARRER NOU DE SANT CUGAT (VORHER)

Manchmal geschieht etwas, was mich verunsichert. Vor zwei Wochen kamen uns morgens auf dem Weg zu unserem Markt entfernte Bekannte entgegen. Sie waren blass und dehydriert, trugen Sonnenbrillen und lachten laut. Man sah ihnen an, dass sie von einer After-Party kamen, wahrscheinlich im Carrer Nou de Sant Cugat, und ich bemerkte deinen verächtlichen Blick, deine abwehrende Körperhaltung, als würden sie stinken, »was für ein Haufen Penner«, hast du gesagt, und ich habe halbherzig genickt. Ich wusste nicht genau, was diese Bemerkung sollte, beschloss aber, dich nicht daran zu erinnern, dass wir uns in einer Bar kennengelernt hatten, in der wir uns regelmäßig betranken und alle koksten. Aber an diesem Tag winkte der Größte aus der Gruppe mir von weitem kaum merklich zu und schenkte mir ein Lächeln, und mir fiel ein, dass wir vor ein paar Jahren mal zusammen einen Abend auf einer Dachterrasse in der Calle Ausiàs March verbracht hatten. Irgendjemand, den ich kannte, wohnte dort in einer Fünfer- oder Sechser-WG in einer dieser typischen Zweihundert-Quadratmeter-Wohnungen im schicken Teil des Eixample, die man sich damals, im Gegensatz zu heute, noch leisten konnte. Ich erinnere mich, dass er ganz dicht vor mir stand und ich seinen Atem spürte, als er mir etwas über aztekische Pyramiden oder ähnlichen Kram erzählte, es war eines dieser Gespräche, die man um fünf Uhr morgens führt, wenn einem der andere so nah ist, dass einem alles egal ist. Anstatt zurückzugrüßen, habe ich mich weggedreht, damit du, *mein Mann*, nichts davon mitbekommst, und ich habe dir nichts über die Freunde erzählt, nicht, dass ich sie kenne, vor allem den Großen, wie hätte ich dir das auch erzählen sollen, ich hatte das Gefühl, dass diese Dinge in meinem neuen Leben keinen Platz hatten, dass dieses Leben Reinheit, Hingabe, Verzicht verlangte. Ich weiß nicht, warum, aber mein neues Leben erfordert eine besondere Disziplin. Egal, heute ist ein anderer Tag, ein friedlicher, kalter Wintertag, es ist Mittagszeit, und schwaches Sonnenlicht fällt durchs Fenster. Ich liebe den Winter, denke ich, während ich die gute Decke hervorhole und mich daranmache, den Tisch zu decken. Du stehst in der Küche, heute kochst du, und in der Luft liegt eine knisternde Spannung. Ich weiß, dass du aufgeregt bist, weil du ein paar Freunde eingeladen hast, um ein neues Projekt zu diskutieren. Du warst schon immer ein guter Redner, es fällt dir leicht, die Leute für dich zu gewinnen, und die zahlreichen Demos überall in den Städten haben dir gezeigt, dass etwas passieren wird, etwas, das der Auslöser für etwas viel Größeres, Bedeutenderes sein kann. Du hast es mir schon ein paar Mal mit vor Begeisterung leuchtenden Augen erklärt: Der Streik der asturianischen Minenarbeiter letzten Sommer war der Schlüsselmoment, der Point of no Return. Asturien ist immer der Anfang, jetzt geht es darum, sich zu organisieren. Wenn wir es richtig anstellen, könnte dies das ganze Land verändern. Ich stimme dir zu, weil ich weiß, dass du das brauchst, ja, das könnte ein guter Ausgangspunkt für einen Wandel sein. Ich weiß, dass du es satthast, der Stadtverwaltung, die immer planloser agiert und immer weniger Geld hat, neue Projekte vorzuschlagen, wir stecken mitten in der Wirtschaftskrise, und Leute wie dich, mit einem Studienabschluss in einem schwer definierbaren Fach und wenig Berufserfahrung, gibt es wie Sand am Meer. Deine Ausstrahlung zählt nicht, und auch nicht, dass du, wenn du jemandem etwas erzählst, ihm das Gefühl gibst, die wichtigste Person im Raum zu sein, so wie du es damals mit mir in der Bar gemacht hast. Du hast es satt, nicht wertgeschätzt zu werden, Dinge tun zu müssen, die du nicht magst, erzählst du mir voller Frust, und ich umarme dich und sage, dass alles gut wird, obwohl ich weiß, dass es dir schon seit Monaten so geht, dass du kaum schläfst und dir Sorgen um deine finanzielle Zukunft machst, die jetzt auch meine ist. Wir reden nie darüber, dass ich mehr verdiene als du, aber es ist uns beiden bewusst. Was auch immer jetzt geschehen mag, es wird dich aufmuntern.

Neben dem Spülbecken liegen die Tüten mit den Zutaten für das Menü: Lamm mit Süßkartoffeln und gegrillter grüner Paprika. Einfach und traditionell. Nur nichts dem Zufall überlassen, denke ich. Ich weiß genau, was jetzt kommt: Wir kochen und hören alte Schallplatten, während wir einen Aperitif mit Martini, Kartoffelchips und Miesmuscheln aus der Dose vorbereiten und auf die Gäste warten. Das ist etwas, was ich an dir mag: Du hast viele Freunde, die Leute mögen dich, ein wahrer Freund seiner Freunde, die oft bei uns zu Gast sind. Ich mag diese Art zu leben, sie ist eine willkommene Abwechslung zu meinem Arbeitsalltag montags bis freitags an der Plaza de les Glòries und meinem ansonsten eher eintönigen Leben. Kein Wunder: Wenn ich abends ausgehe, dann mit dir, und meine Freundinnen sehe ich fast nur noch bei mir zu Hause zum Pärchenabend. Wir waren nie Stubenhockerinnen, aber jetzt treffen wir uns nur noch in unserem Wohnzimmer, und das auch nur selten. An meine anderen Freunde kann ich mich kaum noch erinnern. Früher haben sie mich regelmäßig angerufen, um sich zu verabreden, aber der Aufbau einer Beziehung ist mühsam und zeitaufwendig, und so sind sie irgendwann an die zweite Stelle gerutscht und nehmen inzwischen einen äußerst bescheidenen dritten Platz ein. Macht nichts, deine Freunde sind in Ordnung, ich mag sie, sie bringen mich zum Lachen. Es beruhigt mich, dass ich mich nicht anstrengen muss, dass ich alles fertig vorgesetzt bekomme. Ja, ich habe mich in diesem Leben bequem eingerichtet. Ich weiß, was nach dem Essen kommt: Fünf Männer sitzen an unserem Tisch und diskutieren bis spät in die Nacht ihr politisches Projekt. Die Demokratie demokratisieren. Die Institutionen sprengen. Die Deutungshoheit gewinnen. Das alles sind zwingende Aufgaben. Ich widme mich derweil einer anderen Aufgabe: den Tisch abzuräumen. Trotzdem knirscht es nicht zwischen uns beiden. Noch nicht.

Zwar vermisse ich manchmal nachts das Leben, das ich geführt habe, bevor ich dich kannte, ein Leben, in dem ich in Bars ging, tanzte, eine andere war, aber das gestehe ich niemandem, nicht mal mir selbst. Ich sage nicht, dass ich damals unabhängig war, das würde ich nicht mal denken. Es gibt Dinge, die ich niemandem erzähle, schon gar nicht meinen Freundinnen, die ich nun kaum mehr sehe: Ich erzähle nicht, dass wir nach den ersten Monaten nur noch selten und unregelmäßig Sex haben. Dass aus den Missverständnissen Streitereien geworden sind, und dass nach einem Streit immer ich diejenige bin, die nachgeben und sich entschuldigen muss, weil ich falschlag, entschuldige dich einfach, stell dich nicht so an, was ist schon dabei, denke ich, und wenn der Kummer mir dann die Kehle zuschnürt, verzeihst du mir großzügig, wenn auch zögerlich, und wir schenken uns etwas zur Versöhnung. Seit der ersten Pflanze, die auf unserer Terrasse blüht und gedeiht, bin fast immer ich es, die die Geschenke macht, und ich weiß auch, warum. Weil immer ich schuld bin, dass wir uns streiten. Seit ich mit dir zusammen bin, werde ich immer griesgrämiger, das lässt sich bei aller Liebe nicht leugnen. Wenn mein Gehirn vor lauter Streiterei so vernebelt ist, dass ich meine Gedanken und Ideen nicht sortieren kann, gehe ich sofort an die Decke, verteidige mich gegen einen möglichen Angriff mit Worten und Gesten, die ich sonst gar nicht von mir kenne, wie eine tollwütige Katze, die ihre Krallen gegen alles und jeden ausfährt. Es gibt ruhige Tage, an denen du verletzlich bist, mich um Rat fragst, mir nicht von der Seite weichst; an allen anderen Tagen bin ich reizbar, eifersüchtig auf alles, was sich meiner Kontrolle entzieht. Eifersüchtig auf den Raum, die Luft, auf alles, dem du deine Aufmerksamkeit schenkst und das nicht ich bin. Es gibt Momente, da würde ich dich am liebsten verschlingen, aufsaugen wie den feinen Nebel, der an manchen Tagen über der ganzen Stadt liegt. Hinterher weiß ich nie genau, wie alles angefangen hat, aber wenn der Horror nach Tränenströmen und nach der Angst, die mir den Solarplexus abdrückt, endlich vorbei ist, fühle ich mich rundum erneuert, meine Haut ist glänzend wie eine Narbe. An manchen Tagen schlucke ich im Bad heimlich eine Diazepam; dann weine ich weniger. Nach unserem letzten Streit schlägst du mir zur Versöhnung vor, wir könnten uns ja mal wieder mit meinen Freunden treffen, und ich weiß, dass dieser Vorschlag eine ausgestreckte Hand ist, ein Ölzweig, ich weiß, dass du dich um mich sorgst und mich liebst, und das weckt ein so ungeheures, maßloses Glücksgefühl in mir, als hätte man mir einen weichen, flauschigen Welpen in die Arme gelegt. Ich hoffe nur, dass alles gut geht, und bereite mich gründlich auf diesen seltenen Moment vor. Da ist etwas Unausgesprochenes zwischen uns, und ich weiß genau, was es ist. Meine Freunde sind laut, und wenn sie trinken, lassen sie niemanden zu Wort kommen und frotzeln über alles, sie vergeuden ihr Geld für nutzloses Zeug. Neben dir wirken sie nicht wie Erwachsene, sondern wie wehleidige Gören, obwohl sie so alt sind wie wir. Wenn wir uns sehen, wirfst du mir verstohlene Blicke zu, hältst meine Hand und lächelst mich an, und obwohl du das Ganze stoisch erträgst, sind mir diese Treffen meistens so unangenehm, dass ich sie vorzeitig beende und dafür sorge, dass sie immer seltener stattfinden. Nur bei dir bin ich da, wo ich hingehöre.

Aber dieser Abend, der Abend, den du vorgeschlagen hast, wird anders werden, das spüre ich. Alles ist friedlich, ich bin glücklich und gelöst und fest entschlossen, mir mit meinen Freunden und meinem Liebsten eine schöne Zeit zu machen, und nichts stört dieses Bild, alles ist in bester Ordnung, du hast einen Tisch in einem Restaurant reserviert, das beliebt und vertrauenswürdig ist, so wie du, und während ich mich im Bad schminke, höre ich, wie dein Handy klingelt und du rangehst. Zuerst denke ich, es wäre jemand vom Restaurant, um die Reservierung zu bestätigen, aber dann merke ich, dass es jemand von der Bürgerplattform ist, die ihr gerade gründet, und weil ich davon ausgehe, dass das ein längeres Gespräch wird, mache ich mich noch sorgfältiger zurecht. Ich föhne mein Haar, stecke es mit ein paar Nadeln hoch und entscheide mich für ein kurzes weißes Kleid, von dem meine Freundinnen sagen, dass es meine Beine länger wirken lässt, und ein Paar Sandalen mit flachem Absatz, die du in einem gemeinsamen Urlaub in Wien für mich ausgesucht hast und die mit ihren wellenförmigen Riemen aussehen wie aus den Dreißigerjahren. Dann stehe ich, geschminkt und parfümiert, an der Tür und warte, dass du dein Gespräch beendest, und als du auflegst und mich endlich von oben bis unten musterst, sagst du lachend: Schatz, du willst doch wohl nicht in diesem Kleid aus dem Haus gehen, merkst du nicht, dass du aussiehst wie eine Nutte?, und es klingt, als würdest du dich schämen, aber nicht für das, was du sagst, sondern weil du es mir sagen musst, als wäre ich ein kleines Mädchen, ein geistig beschränktes Kind, das nicht in der Lage ist, zwischen Gut und Böse zu unterscheiden, und es stimmt, ich habe es nicht gemerkt, ich muss wohl dumm sein, dass ich es nicht gemerkt habe. Wie betäubt gehe ich ins Schlafzimmer, ziehe das kurze weiße Kleid aus und etwas anderes an, eine weite Leinenbluse und eine Hose mit Bügelfalten, und du dankst es mir mit einem Kuss und streckst mir die Hand hin, und obwohl alles wieder gut ist, bin ich auf einmal schrecklich müde, und ich fange an, die Dinge zu zählen, die wir haben, wir haben Orangensaft für morgen, wir haben viele Bücher, Unmengen von Büchern, wir haben Kleider und Gas für den Winter, denn der wird sicher kalt, wir haben eine Decke aus peruanischer Wolle, wir haben Einladungen zu Kongressen, Eintrittskarten fürs Theater und fürs Kino, wir haben Wasser in Flaschen, wir haben Glasreiniger, feuchte Handtücher, Flusen unter dem Sofa, wir haben Kacheln, wir haben einen Marmortisch, wir haben

VII. DEBORAH UND DAS WASSER

Wenn ich dieser jungen Frau, die viele Jahre später, weit weg von hier in einer anderen Hafenstadt so versessen aufs Sterben ist, irgendetwas sagen könnte, dann dass sie keine Angst zu haben braucht. Sterben ist nicht so schlimm.

Sieh mich an, Gott, hier unter der Erde. Du hast Dich geweigert, mir zu antworten, und so musste ich zwangsläufig zu dem Schluss gelangen, dass ich tot bin. Ich muss tot sein, obwohl ich den salzigen Sand spüren kann, der mich umgibt. Welch einen seltsamen Körper Du mir hinterlassen hast. Und wie oft bin ich überhaupt schon gestorben? Zwei Mal? Drei Mal? Fünfzig Mal? Ich erinnere mich an kein anderes Leben als an das, von dem ich gerade berichte. Sterben rettet einen vor gar nichts, durch den Tod wird einem keine einzige Sünde vergeben. Wenn das Ketzerei ist, Herr, so tut es mir leid. Es ist sehr schwer zu akzeptieren, doch hat man es einmal erkannt, ist dies die wahre christliche Erlösung. Mein Tod hat mich nicht erlöst, ganz gleich, was die großen Männer sagen, die Dein Wort verkünden. Vergib mir, Vater, wie Du mir schon so vieles vergeben hast. Vater, mein geliebter Vater.

Du, der Du alle Tode kennst, die ich gestorben bin, musst mir zugestehen, dass ich kein leichtes Leben hatte. Mit der Prüfung, die Du mir nach dem Tod meines Gatten auferlegtest, diesem Stolperstein auf meinem Weg, hatte ich nicht gerechnet. Ich hatte nicht erwartet, zu verarmen. Er hatte meinen gesamten Besitz verschleudert, und nach und nach stellten sich die Gläubiger ein, was mich nicht wirklich überraschte. Eine Frau, die ihren Haushalt ordentlich führt, sieht so etwas voraus. Schließlich war ich nicht mehr völlig unwissend. Und ich hatte meine

Naivität verloren. Das Einzige, was man mir vorhalten könnte, ist der Eifer, mit dem ich Dein Wort befolgte und nach einem rechtschaffenen Leben strebte. Was auch immer mich von meiner früheren Existenz wegführte – ich ertrug es ruhig in dem Wissen, dass ich nur auf die göttliche Erlösung zu warten brauchte, und an diese Hoffnung klammerte ich mich unermüdlich. Und doch musste ich von einem Tag auf den anderen in die Niederungen des Materiellen hinabsteigen. Denn es ist ein enormer Unterschied, ob man die Milch für den Morgenbrei mit Wasser verdünnen muss oder ob man gar nichts hat. Und diesen gewaltigen Unterschied lernte ich schließlich kennen. Ich, die ich aus einer Familie kam, die alles besessen hatte, besaß mit einem Mal nichts mehr. Und deshalb mussten wir fortgehen.

Mein geliebter Sohn, mein Henry, sah mich mit seinen großen Augen an, die die Farbe des endlosen Salzwassers hatten. Hier unter der Erde sehe ich ihn immer noch als Kind vor mir, aber das ist er nicht mehr. Als wir London verließen, muss er schon siebzehn gewesen sein, er bewegte sich geschmeidig über das Deck des Seelenverkäufers, der uns aus der Stadt wegbrachte. Es ist schwer zu begreifen, was es bedeutet, dein Kind zu zwingen, ein völlig neues Leben anzufangen, aber Du weißt es, Gott, Du kennst die Fallstricke des Glaubens. Sich seinen Gläubigern entgegenzustellen, ist etwas ganz anderes, als sich der Kirche zu widersetzen. Wie hätte ich damals wissen sollen, dass meine Zuflucht, mein einziger Lebensraum, Dein Wort, das wie ein tröstlicher Psalm war, wie ein Kirchenfenster aus kirschrotem Glas, sich als so gewaltige Prüfung erweisen und mir ein solches Opfer abverlangen würde?

Ich hatte so viel Zeit für mich allein – zuerst durch die ständige Abwesenheit meines Gatten und später dann als Witwe –, dass ich in unserem Glauben ein schützendes Nest gefunden hatte. Eine Gemeinschaft, ein Leben. Die Frauen hatten mich aufgenommen, und ich hatte über das sprechen können, was mir auf der Seele brannte. Warum nur hast Du, Vater, so viel Hingabe von uns gefordert, wenn wir nichts als einfache Schäfchen waren? Hatte ich nicht als erwachsene Frau meinen Sohn wählen können, ohne ihn durch fleischlichen Verkehr empfangen zu müssen, wie mein Gatte es wollte? Ich erinnerte mich noch an die gallegelben Schlangen und das Feuer, an das Verlangen, nach dem ich mich verzehrt hatte wie nach klarem Wasser. Aber zuletzt hatte ich erkannt, dass dieser Durst zu nichts Gutem führte, und so hatte ich mir meinen Sohn auserwählt, und mein Sohn hatte mich erwählt. Und mit dem Glauben sollte es genauso sein, sagte ich leise zu den Frauen, die ich kannte, als mein Gatte noch lebte, so sagten wir leise untereinander, wenn wir zum Abendessen zusammensaßen, während die Männer sich in die Bibliothek zurückzogen, um über ihre Geschäfte zu reden. Glaubten sie etwa, wir würden uns nicht austauschen? Natürlich gab es immer eine unter uns, die nicht an den Gesprächen teilnahm, den Mund auf- und zuklappte wie ein Karpfen und nichts Besseres zu tun hatte, als ein Loblied auf den politischen Wankelmut ihres Gatten zu singen, aber diese Frauen waren die Ausnahme. Was dachest Du denn, o Herr, was passieren würde, wenn Du uns – wie Du es getan hast – die Gabe des Wortes und der Vernunft verliehst? Wie kannst Du dem Einhalt gebieten, was Du selbst erschaffen hast: unsere Freiheit zu wählen? Nachdem wir einmal verstanden hatten, worin das wahre Verlangen besteht und wie man es weckt, wie hätten wir da nicht erkennen sollen, dass unser Recht zu wählen das Einzige war, was zählte?

Die Armut hatte uns Findigkeit gelehrt, Dein Wort hatte uns ein Ziel gegeben, uns so hatten wir einander im Glauben gefunden. Wir erkannten es nicht früh genug, wir waren schon älter, doch war unsere gesellschaftliche Stellung noch die gleiche: Wir mochten arm an Besitztümern sein, aber in unseren

Köpfen waren wir immer noch Aristokratinnen, und so konnten wir uns nicht vorstellen, dass sie uns eines Tages verfolgen würden. Was konnten sie uns nehmen, nachdem sie uns alles genommen hatten?

Wie dumm wir waren. Ich denke an meinen Henry und an unsere Überfahrt auf diesem rattenverseuchten Schiff mit den knirschenden Planken, auf dem wir mit unseresgleichen zusammengepfercht waren. Bis zuletzt musste ich für die Machenschaften meines Mannes büßen: Um ein Exempel zu statuieren, zwangen sie mich, London innerhalb von vierundzwanzig Stunden zu verlassen. Ein Exempel wofür? Das war gleichgültig. Wir Frauen, o Herr, müssen immer als Exempel dienen, die Heilige Schrift ist das beste Beispiel dafür. Hinter Sara, Agar oder Abigail verbirgt sich keine wirkliche Frau. Sie sind nur Mittel zum Zweck, so wie ich jetzt Mittel zum Zweck war.

Aber wir würden für uns entscheiden, das konnten sie uns nicht nehmen. Ich würde nicht zulassen, dass Henry völlig verarmt auf unsere alten Ländereien zurückkehrte, denn auch dort würden sie uns finden. Einige von uns entschieden sich dafür, versteckten sich in einem Dorf irgendwo am Waldrand, um von dort aus Dein Werk zu tun, o Herr. Doch das konnte ich Henry nicht antun. Die Last hätte ihn erdrückt. Wir hatten uns an die gepflasterten Straßen gewöhnt, die Wege der Stadt sind wie Dein Wort, sie haben eine Struktur und einen Sinn. Ich wollte, dass mein Sohn an einem besseren Ort aufwächst, in einem neuen, weiten Land ohne Geheimnisse. Ja, endlich würden wir die neue Ordnung errichten, durch die Gnade Gottes, durch Dein Reich, indem wir überlebten und uns erhielten, endlich waren wir auf dem Weg zu Dir, zu unserem neuen Kanaan.

8. CALLE DELS VALERO (VORHER)

Weil wir eine solide Beziehung führen, schmieden wir manchmal – vor allem, wenn es zwischen uns gut läuft – gemeinsame Pläne. Und weil wir es lieben, unbekannte Stadtviertel zu erkunden, schlägst du mir eines Tages vor, dass wir uns doch nach einer deiner Versammlungen mit den Freunden von der geplanten Bürgerplattform, die jetzt immer mehr deiner Wochenenden in Anspruch nehmen, in einem Nobelviertel treffen könnten, warum nicht, dem versnobtesten, das uns einfällt, und dort marschieren wir dann herum, als würden wir die Marsoberfläche erkunden. »Lass uns im Parque del Turó treffen«, sagst du, und ich sage nicht nein, erzähle dir nicht, was dieser Vorschlag in mir auslöst. Ich widerspreche dir nicht.

Aber in meinem Kopf kreist unablässig ein Gedanke: Nichts ist furchterregender als die höhergelegenen Viertel von Barcelona an einem Sonntagnachmittag, die Gegend zwischen der Kirche San Gregorio Taumaturgo, der Calle del Modolell und der Calle Johann Sebastian Bach mit ihren roten Backsteingebäuden aus den Vierzigern oder Fünfzigern, mit ihren creme- und minzfarben gestreiften Sonnensegeln, diese großen Häuser mit ihren gewaltigen gläsernen Portalen und den Fenstern, in denen sich an Winternachmittagen, wenn im Park die Dämmerung anbricht, die Sonne spiegelt, die modernden Seerosen in den Teichen, um die die Kleinkinder von Sant Gervasi und Tres Torres herumkrabbeln, weitgehend unbeachtet von ihren lateinamerikanischen Kindermädchen, die per Handy mit ihren zu Hause zurückgebliebenen Kindern chatten, während sie an der Leine einen Cockerspaniel hinter sich herziehen, den sie ebenso wenig beachten, warum sollten sie auch.

Nichts ist furchterregender als diese drei- oder vierstöckigen Gebäude, wo sich die Kinderwunschkliniken mit Mehrfamilienhäusern abwechseln, in denen Familien mit Doppelnamen wohnen, und Konditoreien und Grillrestaurants, in denen Ingenieure, Inhaber von Immobilienfirmen und konservative Journalisten einkehren, die für ein paar Kisten Veuve Clicquot und zweihundert Gramm norwegischen Räucherlachs zu jeder Gefälligkeit bereit sind. Nichts ist furchterregender, weil dort die meisten Ecken selbst am helllichten Tag wie ausgestorben sind, die höhergelegenen Viertel der Stadt sind immer wie ausgestorben, es gibt nichts als Backsteingebäude und frisch installierte Überwachungskameras. Wenn dich also hier einer dieser Schnösel vergewaltigt, weil er es sich erlauben kann – denn wenn du hier vergewaltigt wirst, meine Liebe, dann höchstwahrscheinlich von jemandem, der es sich erlauben kann –, wird dir niemand zu Hilfe kommen, nicht einmal die Portiers, die auch am Wochenende Dienst haben und selbst zu Weihnachten nicht frei bekommen, niemand wird dich hören, niemand wird aus den menschenleeren Blumenläden oder aus den italienischen Boutiquen herbeieilen, die auch an Feiertagen geöffnet haben, obwohl das gesetzlich verboten ist, weil sie hoffen, dass sich die eine oder andere gelangweilte Ehefrau hierher verirrt und etwas anprobiert. Deine markerschütternden Schreie werden ungehört verhallen, während Bosco, Álvaro oder Yago dir eine Eisenstange in die Möse rammt, du Dreckschlampe, dein Gebrüll wird das einzige Geräusch weit und breit sein, abgesehen vom Trillern eines Stares oder höchstens dem sanften Schnurren eines flaschengrünen Jaguars, der aus einem der Gebäude zwischen Calle del Modolell und Calle Johann Sebastian Bach herausfährt, diesem Gebäude mit der wunderbaren Austernbar, in die du schon immer deine Eltern zu einem besonderen Anlass ausführen wolltest, zum Geburtstag zum Beispiel.

VIII. DEBORAH UND DAS GLÄSERNE HAUS

Nichts ist so befriedigend, wie Witwe zu sein. Gestatte mir, himmlischer Vater, diese überspannte Bemerkung, eine von vielen. In Saugus, in der Massachusetts Bay, der ersten Hafenstadt, in die sie uns brachten, nachdem wir von Bord gegangen waren, hätte ich diese Bemerkung nicht machen können. Dort konnte ich anfangs überhaupt nicht viel sagen, aber jetzt, da ich tot bin, ist alles einerlei. In Saugus erhofften wir uns endlich ein neues, anderes Leben. Aber mehr als an meine Sehnsucht und die Erschöpfung erinnere ich mich daran, dass der Anfang dort sich nicht wesentlich von allen anderen Anfängen unterschied. Denn manche überqueren den Ozean auf der Suche nach einem Dach über dem Kopf und einem warmen Bett, andere, um ihr Leben Gott zu weihen. Was mich betraf, so fand ich Trost und eine gewisse Ruhe in der Möglichkeit, mich auf die kleinen Dinge zurückzubesinnen. Dies war ein neues Land, und wir mussten es ordnen.

Es fehlte an Arbeitskräften, und mein armer Henry schuftete vom ersten Tag an in einer der Schmieden dieses Örtchens, das noch immer seinen indianischen Namen trug. Mein blondgelockter kleiner Junge war zum Mann geworden, die Fäulnis und der Tod, die er auf der Reise mit ansehen musste, hatten ihn für immer verändert, und nun gab er sich damit zufrieden, von frühmorgens bis spätabends hart zu arbeiten. Er, der doch eigentlich unsere Adelslinie fortführen sollte, unser Junge mit seiner zarten Haut, hatte nun Schwielen an den Händen von dem Hammer, mit dem er das Metall bearbeitete wie ein Sträfling.

Und ich? Ich war Königin in meinem Haus, einem grauen

Holzhäuschen in der Mitte des Dorfes, in dem wir untergekommen waren. In meinem Garten pflanzte ich Gemüse, das dort kaum gedieh, weil Böden und Klima anders waren, und ich hielt die zwei Zimmer sauber, die nun unser Heim ausmachten. Ich hatte so viel Leben in mir, dabei galt ich als alte Frau. Meine armen jungen Nachbarinnen, dazu verdammt, ein Kind nach dem anderen zu gebären! Viele von ihnen starben an jenem süßlichen Geruch, den ich immer noch in der Nase habe. Ich begegnete ihnen, wenn ich zum Markt ging, um Kopfsalat, Eier und Karotten gegen Brot und Käse einzutauschen, und sie passierten mich ohne ein Wort und ohne einen Blick, ihre Hauben schlaff wie welke Glockenblumen.

Ich wollte versuchen, uns Frauen, den glühenden Anhängerinnen Deines Wortes, ein Leben in Freiheit zu ermöglichen, ohne unseren Glauben verbergen zu müssen, ein rechtschaffenes, nützliches Leben. Sich nützlich zu machen ist eine Tugend, die uns von Beginn an gelehrt wurde. Ich hatte nichts dagegen einzuwenden. Wir brauchten diese Grenzen in unserer neuen Welt, in diesem weiten, offenen Land. Die Gerüche, die Pflanzen, die Tiere. Die Neue Welt. Ich hatte darüber in Büchern gelesen, aber es mit eigenen Augen zu sehen, war eine ganz andere Erfahrung. Die Straßen dort waren keine gewundenen Furchen, sondern gerade, messerscharfe Linien, die Gut von Böse trennten. Anfangs beruhigte mich so viel Ordnung. Nichts ist beruhigender, als eine Struktur zu haben, eine Richtung, einen Pfeil als kürzeste Verbindung zwischen zwei Punkten.

Aber ein Ziel zu haben, ist das eine, und eine Reihe von Vorschriften gemacht zu bekommen, von denen du kein Jota abweichen darfst, etwas völlig anderes. Leider hatten unsere Gründerväter unzählige Richtlinien. Diese Richtlinien, so hieß es, entsprangen Deinem göttlichen Wort und mussten genauestens befolgt werden, schließlich sollte die neue Stadt, in der wir lebten, als Vorbild dienen. Bald wurde mir klar, dass unsere

Wände aus Holz gebaut, aber in Wirklichkeit gläsern waren, und dass Gott alles sah. Aber das warst nicht Du, geliebter Vater, sondern ein anderer, wissbegierigerer Gott, der einem nicht einmal Raum zum Denken ließ. Beinahe täglich kam der Pastor vorbei, um zu fragen, was wir so trieben. Henry wurde dabei beobachtet, wie er zu viel arbeitete, welche Schuld hat er zu büßen? Liebe Deborah, hörst du wirklich den Ruf, den Ruf des Herrn? Wie soll man wissen, dass du es nicht nur vorgibst? Bald spürte ich einen Druck auf meiner Brust, der mir nachts den Schlaf raubte. Wenn ich die Augen schloss, hatte ich das Gefühl, als ob meine Lider durchsichtig wären und ich über meinen Körper hinaus in die ungeheure Dunkelheit und die darin herrschende Stille sah. Der Schlafmangel machte sich bemerkbar: Nach kurzer Zeit zog Feuchtigkeit in meine Knochen, und sie schmerzten.

Nachts erschien mir das Bild des Pastors mit seinem weißblonden Haar von der Farbe ausgedörrten Strohs. Der Blick seiner stahlblauen Augen bohrte sich durch die meinen hindurch und ins Hinterste meiner Augenhöhlen, bis mir vor Nervosität schlecht wurde. Ich ahnte, dass das sein Trick war, dass er uns glauben machen wollte, er könne in uns lesen, als wären auch unsere Körper aus Glas. So sollte unser neues Kanaan sein, unsere neuen Regeln. Und natürlich war ich eine Frau, die keinen Mann hatte. Keine Wand hatte vor diesem eisigen Blick Bestand, nicht einmal die Wände einer alleinstehenden alten Frau. Selbst mein Henry konnte mich nicht vor diesen Augen schützen. Hatte ich Ozeane überquert und zu guter Letzt das Gelobte Land erreicht, nur damit es mir jetzt die Luft abschnürte? Es schien mir etwas übertrieben, dass Du mir gleich zu Beginn diese Prüfung schicktest, o Herr.

Eines Tages, als ich zufrieden vom Markt zurückkam, weil ich die Eier zu einem guten Preis hatte verkaufen können, fand ich den Pastor dabei, wie er Salz vor meiner Tür verstreute.

»Ich bin eine fromme Frau, Reverend, wieso streut Ihr Salz vor meine Tür? Seht Ihr etwa hier irgendwo den Teufel lauern?«
Der Pastor lächelte scheinheilig.

»Natürlich nicht, Deborah, ich tue das einzig und allein, um dich vor deinem Übereifer zu schützen.« Sein Blick verdüsterte sich. »Du arbeitest zu viel. Wie du weißt, soll man nicht arbeiten, weil man denkt, Müßiggang sei eine Sünde, und auch nicht, um so viele Scherflein zu bekommen, dass man sie anhäuft. Mir scheint, du häufst zu viel Reichtum an, und es wäre gut, wenn du dir überlegen würdest, wie du ihn deiner Gemeinschaft zurückgeben kannst.«

Ich fühlte, wie etwas in mir mich drängte zu reden, es war wie eine flammende Zunge, die mich verbrennen würde, wenn ich ihr nicht freien Lauf ließ, wie ein Strom von Tränen. Ich glaube, es war Deine Stimme, o Vater, mein geliebter Gott, ich würde sagen, dass Du es warst, der durch mich sprach, aber ich sage es nicht, weil dies eine ehrliche Beichte ist und ich eine gebildete Frau bin, wie Du wohl weißt. Es war meine eigene Stimme, die Stimme einer Witwe, die da sprach.

»Ja, Reverend, aber fleißige Arbeit ist ein wichtiger Teil der Berufung und dient uns dazu, uns und die Unseren mit allem zu versorgen, was wir brauchen. Bedenkt, dass die Früchte des Feldes und der Besitz von Gütern und Reichtum Gottes Segen sind und wohl verwendet werden wollen. Das Sammeln von Schätzen ist nicht verboten, die Schrift erlaubt es in bestimmtem Maß. Denkt nur an den zweiten Korintherbrief, Kapitel 12, Vers 14.«

Wir blieben nicht lange in Saugus. Nach einigen Monaten zogen wir auf eine Farm, wo wir viel mehr Platz hatten und ich ein paar Tagelöhner anstellte, um mich weiter meiner Tätigkeit widmen zu können. Ich vermisste schmerzlich meine Schwestern, mit denen ich in London die Heilige Schrift gelesen und über unsere Hoffnungen und Pläne gesprochen hatte. Wir beschlossen, uns an einem Ort jenseits der Bucht niederzulassen, nah am Meer, aber mitten im Grünen, an einem anderen Ort, wo wir in einem Haus leben konnten, das nicht aus Glas und weniger der Öffentlichkeit ausgesetzt war, und wo wir unserer Gemeinschaft dienen konnten. Wir zogen an einen ruhigen, sauberen Ort, der ungeheure Möglichkeiten bot. Einen wahrhaft reinen Ort, wo wir von Neuem anfangen konnten. Wir zogen in die Nähe von Salem.

9. PLAZA JAUME SABARTÉS (VORHER)

Ich bin dreiunddreißig, du bist siebenunddreißig. Seit sechzehn Monaten sind wir ein Paar. Vor zwei Monaten hast du mich gebeten, die Pille abzusetzen, obwohl du es warst, der mich zu Beginn unserer Beziehung gebeten hat, sie zu nehmen, weil du nicht gerne Kondome benutzt.

Wie in letzter Zeit alles in meinem Leben ist auch das nicht ganz so gelaufen wie erhofft. Kein ruhiges Gespräch, kein allmählicher Sinneswandel bei uns beiden, bis wir merken, dass wir ein Kind wollen. Stattdessen kommt es mir vor, als würde jemand anderes mich zu Aktivitäten bewegen, die ich völlig abgestumpft verfolge. Ich verstehe nicht, wie es zwischen uns so weit kommen konnte. Es ist, als ließe man sich ein kuschelig warmes Bad ein, das plötzlich durch ein halbes Grad mehr brühend heiß wird. Was bewirkt diese unmerkliche Veränderung, was macht das Ganze unerträglich? Vielleicht bin ich einfach überempfindlich, ich weiß es nicht, aber irgendetwas hat sich für immer verändert.

Ein Klatschkolumnist würde schreiben, dass es sich ganz natürlich so ergeben hat. Eine Szene, wie sie sich fast jedes Wochenende irgendwo in der Umgebung von Barcelona abspielt. Ein schmaler, langgestreckter, mit zartgrünem frischem Gras bewachsener Hof, in unserem Rücken ein zweistöckiges Haus aus Sichtbeton. Es könnte in Esplugues gewesen sein, einem Ort hundert Meter über dem Meeresspiegel mit ein paar schönen alten Landhäusern. Ganz sicher bin ich nicht, vielleicht war es auch in La Floresta oder Mirasol. Was weiß ich, die Wörter geraten mir durcheinander, die Ortsnamen ergeben manchmal keinen Sinn. Die Nachbarn sind zum Essen herübergekommen, jetzt sind wir sechs Erwachsene und vier Kinder. Im lautstarken Kreischen sind die Kinder unübertroffen. Es ist ein frischer Junitag um die Mittagszeit. Die Kleinen tollen um unsere Knöchel herum, irgendjemand schleppt Brennholz herbei, und ich fühle mich gezwungen, mich mit den beiden Frauen zu unterhalten, die neben mir stehen, nachdem sie es aufgegeben haben, hinter ihren Kindern herzurennen. Mein Blick schweift über den Hof, ich bemühe mich zu verstehen, was meine Rolle an diesem Ort ist, während ich einem der Männer dabei zusehe, wie er in einer Ecke versucht, den auf einer Gasflasche montierten Grill zum Laufen zu bringen.

Natürlich passiert das nicht zum ersten Mal. Und eben darum, weil es nicht zum ersten Mal passiert, merke ich, dass bei solchen Alltagsbegegnungen in letzter Zeit etwas Seltsames mit mir geschieht. Der Anblick der Männer, wie sie im Kreis um einen Gasgrill herum knien wie um den Heiligen Gral und darüber debattieren, ob man mehr *fumet* oder mehr Rosmarin auflegen sollte oder ob der Reis stärker angebraten werden muss, löst ein merkwürdiges Lichtphänomen in mir aus. Plötzlich erscheinen in meinem Blickfeld glitzernde Staubkörner, Lichter, so schön, dass ich am liebsten zu ihnen hinlaufen möchte, sie verwandeln sich in eine Stimme, ein unbekanntes Gefühl, das mich nach vorne treibt und das unwiderstehliche Bedürfnis in mir weckt, jedem Einzelnen der Typen ins Genick zu treten, bis das Blut spritzt. Manchmal trete ich ihnen auch ins Gesicht, bis einem von ihnen die Zähne aus dem Mund fliegen. Einem anderen verpasse ich eine dicke Lippe. Ich sehe, wie sie blau wird, sehe es so klar und deutlich vor mir, als wäre es real, bis ich mit einem kleinen Seufzer der Enttäuschung feststelle, dass alle noch mit der Paella beschäftigt sind, und wenn der Reis anfängt zu blubbern und sie voller Stolz aufstehen, lächele ich denjenigen, der gerade zufällig neben mir steht, mit gespielter Erleichterung an.

Aber heute werde ich keinem dieser Männer die Fresse polieren. Heute ist nicht der Tag dafür. Heute bin ich brav, wie immer in letzter Zeit. Heute streift mich der Gedanke nur kurz, nach anderthalb Minuten lässt das Verlangen nach, und ich widme mich wieder dem Wein, trinke mehr, als mir guttut. Währenddessen erzählt mir eine der beiden Frauen, dass sie ihren älteren Sohn, der schon Nudeln mit Ketchup isst und alt genug ist, um das Abc zu kennen, immer noch stillt. Ich nicke ungerührt, während ich spüre, wie meine Hose kneift, meine Achselhöhlen schwitzen und ein Schweißtropfen unter meinem BH hervor in Richtung Bauchnabel tropft. Plopp. Kurz darauf sehe ich, wie du geschickt das Feuer entfachst und dich zur Zubereitung der Tomaten- und Zwiebelschwitze zur Männerrunde gesellst. Ich frage mich, ob ich dir applaudieren soll. Ich frage mich, ob es das ist, was ich tun sollte. In letzter Zeit weiß ich nicht mehr, wie man richtig reagiert. Manchmal mache ich es falsch, und dann bist du von mir enttäuscht, und der Blick, mit dem du mich musterst, ist so anders als das Entzücken, mit dem du mich betrachtet hast, als wir uns kennenlernten, dass ich schreckliche Angst bekomme und das Loch in meinem Inneren größer und größer wird, bis es alles ausfüllt und ich ganz hohl bin. Deshalb sehe ich dich jetzt einfach nur an, das ist das Sicherste, oder? Und du lächelst vertraulich aus deiner Ecke zu mir herüber, zufrieden, dass der Pflicht Genüge getan wurde: Du hast das Feuer entfacht, und ich habe dir dafür ein Lächeln geschenkt, das du vermutlich als Stolz interpretierst, was für ein Glück, dass ich nichts falsch gemacht habe, jetzt lässt endlich auch die Angst nach. Du weißt nicht, dass ich diese Essen verabscheue, bist entspannt, weil du dich daran gewöhnt hast, dass ich so tue, als würde ich sie mögen. Du erkennst nicht, wann ich schauspielere, obwohl du doch so klug bist. Ja, klug und scharfsinnig, aber nur bei dem, was dich interessiert. Inzwischen hat deine Aufmerksamkeit nachgelassen, und du begnügst dich mit meiner Schauspielerei und entspannst dich, und wie immer, wenn du entspannt bist, bist du freundlich und charmant. Du umarmst mich von hinten, erzählst mir Witze und gibst mir ein Gefühl von Sicherheit, das Gefühl, etwas ganz Besonderes zu sein. Ich glaube, ich fühle mich einzigartig. Mein Blick gleitet in die Ferne, ganz hinten am Horizont sehe ich das Meer, und eine Erinnerung überkommt mich wie Salzwasser, das mir in den Mund schwappt.

Es ist acht Jahre her, ich bin fünfundzwanzig, und es ist Hochsommer. Im September werde ich meine Stelle bei der Stadt antreten, auf die ich mich nach einer in allen Tageszeitungen geschalteten Anzeige beworben habe. »Wir suchen Content-Redakteure«, daneben eine Mailadresse. Nach drei Fachtests und einem Interview kommt der Anruf, dass ich genommen bin, und meine Freundinnen und ich feiern seit Tagen meinen neuen Job bei jeder Gelegenheit – und von denen gibt es im August viele. Meine Freundinnen, die sich an der Avenida Meridiana eine Wohnung teilen, sorgen dafür, dass ich alles bekomme, was man sich in diesem August in der Stadt nur wünschen kann. Gestern Abend hat ein Platzregen die ganze Stadt bis hinauf zum Maresme unter Wasser gesetzt, also beschließen wir, lieber nicht an den Strand zu gehen, weil dort alles voller Ratten sein wird. Als wir das letzte Mal nach einem Unwetter am Strand waren, kamen sie durch das Bachbett gekrochen, so groß, dass wir sie zuerst für kleine Hunde hielten, widerlich, das wollen wir kein zweites Mal erleben.

Zwar ist es in der Nacht abgekühlt, aber jetzt brennt die Sonne so heiß, dass wir uns vor dem Ventilator abwechseln. Irgendjemand schlägt vor, eines dieser Geräte anzuschaffen, die man mit Eis befüllen kann, um die Luft ruck, zuck zu kühlen, aber niemand hat das Geld dafür. Wir vergleichen, wer von uns brauner gebrannt ist, und erörtern die verschiedenen Möglichkeiten für den Abend: ein Konzert von Los Chicos oder das Stadtfest von Badalona. Niemand hat eine bessere Idee, niemand trifft eine Entscheidung. Wir tragen leichte Kleider aus Baumwolle und Elastan, laufen barfuß durch die Wohnung, räkeln uns, als wären wir ein einziges Wesen, versuchen, unseren leichten Kater abzuschütteln. Irgendjemand geht in die Küche und zaubert uns eine Limonade. Ich liege im Wohnzimmersessel und höre die Eiswürfel in den hohen Gläsern klirren. Wenn man im neunten Stock wohnt, ist der Lärm der Meridiana erträglich.

Der August liegt über der Stadt wie ein Omen: die Platanenpollen auf dem Asphalt, das Vogelgezwitscher am frühen Morgen, die schwüle Hitze. An Tagen wie diesen ist La Sagrera der beste Ort für jemanden, der keinen Cent hat. Ein Viertel, frei von Touristen, die bereits von den Kreuzfahrtschiffen in die Stadt strömen. In der Altstadt haben wir es gesehen. Mann, seit zwei Jahren sind hier so viele Touris wie in Lloret, sagt eine von uns, und es stimmt, die Altstadt ist, wie Lloret in meiner Kindheit war: der gleiche Geruch nach Röstzwiebeln und aufgewärmten Waffeln, das gleiche Meer aus sonnenverbrannten Körpern, das gleiche Gefühl von Übelkeit wegen der Menschenmassen und der Sonne, diese Mischung aus Menschen und Sonne, Menschen aus der Konserve, Sonne aus der Konserve, das Blech, an dem du dich verbrennst, wenn du versuchst, dich am Strand auf die Kühlerhaube eines Autos zu setzen, obwohl deine Mutter immer gesagt hat: Bleib da weg, siehst du nicht, dass du dich verbrennen wirst, bleib da weg, sagt dir jetzt dein Instinkt und nicht deine Mutter, wenn du von der Ronda de Sant Pere runter in Richtung Altstadt gehst. Ich erzähle meinen Freundinnen nicht, was ich gehört habe: dass nämlich genau fünfzig Meter von dort, wo wir gerade liegen, ein großer neuer Bahnhof gebaut werden soll. Jemand, der jemanden kennt, hat gesagt, es wird ein Bahnhof für den AVE, die Tunnelbohrmaschinen sind schon angeschafft, und das heißt, die Wohnungen werden mindestens dreißig Prozent teurer, also wäre das der richtige Moment, eine zu kaufen, wurde mir gesagt.

Es klingelt. Die letzte Freundin, die noch gefehlt hat, kommt von der Arbeit zurück, sie hatte Nachtschicht in einem Frauenhaus und ist sehr müde. »Sie will zu ihrem Ex zurück«, erklärt sie kopfschüttelnd. Wir wissen, dass sie die junge Frau meint, deren Freund ihr den Kiefer gebrochen hat, sie hat uns neulich davon erzählt, also sagen wir, oh, wie schrecklich, und richten das Schlafzimmer für sie her, damit sie ein bisschen ausruhen kann. Wir versuchen, leise zu sein, uns flüsternd zu unterhalten, aber wir sind viel zu fröhlich, es gibt so viel zu tun, so viel zu erfinden, und deshalb reden wir zu laut und lachen schallend über unsere albernen Witze. Schließlich gibt sie auf und kommt zu uns ins Wohnzimmer. Wir beschließen, in der Calle Escòcia einen Aperitif zu trinken, und stopfen die Tasche mit Bierdosen voll. Es ist zwar noch Tag, als wir aus dem Haus gehen, aber man kann nie wissen, wann wir zurückkommen.

Auf einer Terrasse machen wir es uns im Schatten bequem und bestellen eine Menge Essen. Eine erzählt, wie sie mal zwischen Pinto und Valdemoro gevögelt hat, und wieder lachen wir schallend. Ich betrachte meine Beine, so weiß unter dem engen Rock. Während ich mir einen heißen frittierten Tintenfisch in den Mund schiebe und einen Schluck Bier trinke, lasse ich meinen Blick über den grauen Bürgersteig, die grauen Gebäude und die leere Stadt schweifen und bin mir nicht im Geringsten bewusst, wie glücklich ich bin. Ich treibe im Glück wie ein Floß in einem ruhigen Strom, gleite auf einer spiegelglatten Fläche dahin, ohne zu fallen, sondern wiege mich nur sacht, ganz sacht.

An diesem Abend lerne ich in einem Club einen jungen, gutaussehenden, blonden Ausländer kennen, den meine Freundinnen und ich »den Engländer« taufen. Ich trage ein eng anliegendes, geblümtes Kleid und albere mit meinen Freundinnen herum, er wird auf mich aufmerksam und kommt von der gegenüberliegenden Seite der Tanzfläche herüber, um mich irgendwas zu fragen. Die nächsten drei Wochen verbringen wir in meiner Wohnung, bis er nach Hause zurückkehrt, wo er verheiratet ist und zwei Kinder hat, während ich in einer WG in der Nähe des Hospital Clínic wohne. In dieser gesamten Zeit bin ich nicht eine Minute lang unglücklich. Ich kann ihn nie vergessen.

»Geht's dir gut?«, fragst du mich jetzt. Du hältst mich immer noch von hinten umarmt. »Was ist los mit dir? Du bist so still.«

»Nichts.«

Wir trinken Wein, und ihr Männer redet immer wieder über Politik. Weil du gut gelaunt bist, fragst du mich nach meiner Meinung, was in letzter Zeit immer seltener vorkommt. Am liebsten würde ich sagen, keine Ahnung, ich kann neuerdings an nichts anderes mehr denken als an ein Meer von Blut. An Geysire aus dunkelroter Flüssigkeit, deren Tropfen mich von Kopf bis Fuß besprenkeln, gewaltige schwarze Lagunen aus Blut, in die ich eintauche, während um mich herum der Alltag weitergeht. Aber das sage ich nicht, denn heute ist ein guter Tag. Ich versuche, mich auf euer Gespräch zu konzentrieren, und merke, worum es geht: um konstituierende Prozesse. Gut, das schaffe ich. Ich kann den Faden wieder aufnehmen. Aber plötzlich fällt eine der Frauen ihrem Mann ins Wort, sagt, wie satt sie es hat, dass immer sie sich um die Kinder kümmern muss. Sie hat schon ein paar Drinks intus. Ich merke, wie sich das Kräfteverhältnis unter den Paaren um uns herum verschiebt, und schwöre mir, niemals so zu werden. Ich werde nie die Rolle der beleidigten Frau spielen, die ihrem Mann vorwirft, nicht genug für die Kinder da zu sein. Ich werde dich nie demütigen. Unter dem Tisch greifst du nach meiner Hand und drückst sie. Du bist wieder ganz bei mir, fühlst, was ich denke, dir wird klar, dass ich gut bin, dass ich auf deiner Seite stehe, und plötzlich strahlt dein Gesicht vor Liebe, und du schenkst uns allen noch eine Runde Wein ein. Die dunkle Flüssigkeit, die auf die Tischdecke läuft, bildet blaue, beinahe schwarze Flecken. Du lachst, haust auf den Tisch und sagst zu der Frau deines Freundes: Sei still, siehst du nicht, dass du ihr Angst machst? Ich muss sie noch davon überzeugen, dass es eine gute Idee ist, eine Familie zu gründen, und alle lachen, pfeifen und johlen. Es dauert einen Moment, bis ich bemerke, dass gerade eine Plattenverschiebung stattgefunden hat, dass irgendwo ein Exoplanet zu Staub zerfallen ist, während all das hier passiert, während alle lachen und ich dich ansehe. Ich sehe die Wirbel in deinem Haarschopf und rieche den Rauch und das Gas in deinen Kleidern, du bist betrunken. Na, dann macht euch mal an die Arbeit, sagt einer, und wieder lachen alle, und ich denke, ich bin es, ich bin die Auserwählte, die Mutter, ich denke nicht, dass es vielleicht zu früh ist, und nicht an unsere immer häufigeren, immer komplexeren Auseinandersetzungen, in denen wir uns dermaßen verstricken, dass wir keinen Ausweg mehr finden. Unsere Auseinandersetzungen sind ätzend und zäh wie ein Labyrinth aus Teer. Aber nein, daran denke ich nicht, ich denke nicht einmal an uns, ich denke, ich bin die Auserwählte, das ist das Zeichen, dass zwischen uns alles wieder gut ist, es gibt keinerlei Zweifel, ein Kind wird dafür sorgen, dass du für immer bei mir bleibst, ja, wenn ich ein Kind habe, wirst du mich niemals verlassen, ich bin die Auserwählte, und auserwählt zu sein, ist etwas Gutes, das man überall erzählen kann, und ich muss es irgendwem erzählen, denn irgendwer wird sehr glücklich sein über das, was gerade geschehen ist.

Tage später drücke ich mein Gesicht ins Kissen, während wir mechanisch vögeln, ich mit dem Kopf auf dem Kissen, du hinter mir. Ich höre, wie deine Hüften in gleichmäßigem Rhythmus gegen meinen Hintern klatschen, aber unsere Gliedmaßen sind zu schwer, du kommst nicht, und keiner von uns beiden sagt etwas. Wir schwitzen vor Anstrengung, bis einer von uns sagt

»Vielleicht sollten wir besser später weitermachen«, und der andere sagt »Red gefälligst nicht in diesem mitleidigen Tonfall mit mir, es ist nicht meine Schuld, dass es so gekommen ist«, und ich bin weit weg von hier, so weit weg, tausend Meter oder mehr, vielleicht auf dem Kirchturm von La Mercè, wo die Sonntagmorgenglocken läuten, wo die Muttergottes steht, den Fuß angehoben, um einen Schritt ins Nichts zu tun, meine Muttergottes aus verwitterter Bronze, eine riesige Figur, unverhältnismäßig groß geraten, zur Vertreibung aller Sünden, meine Muttergottes, mein Engel in Gestalt einer Frau, und ich stehe da oben neben ihr und kann die ganze Stadt sehen, was für ein Glück, ich weiß, wenn ich dort oben bin und nicht in diesem Bett, dann ist all das hier bedeutungslos, dann bin ich nicht gescheitert.

IX. DEBORAH UND SALEM

War ich in Salem froh? Ich kann es nicht genau sagen. Ich weiß schon gar nicht mehr, was Frohsein bedeutet, ebenso wenig wie ich weiß, was Liebe ist. Ich habe nur wenige Gewissheiten. Ich weiß noch, dass das Haus, für das ich mich entschied, geräumiger und besser gebaut war, dass schon frühmorgens Licht hereinfiel und man von ihm aus die ganze Bucht überblicken konnte. Meine Wahl fiel auf dieses Haus, weil ich keine gefühlvolle, sondern eine berechnende Frau bin: Dazu hatte mein Mann mich gemacht, Stück für Stück, mit jedem Verrat, den er an mir beging. Neben dem Haus lagen Felder, die niemandem gehörten und die ich nach und nach erwarb.

Aber die Ruhe war relativ. Der erste Stolperstein war Reverend Hugh Peter, ein Mann mit einem ausgemergelten Gesicht, spitzem Kinn und struppigem Haar, den Du mir ganz in die Nähe meines Hauses gesetzt hattest. Eine weitere Deiner Prüfungen, Vater. Ein weiterer Pastor, dem ich Rechenschaft ablegen musste. Aber Salem war größer, es bestand aus einem Händlerdorf und einem weiten, geschäftigen Hafen, und so konnte ich einigermaßen unbehelligt von meinem Haus zur Kirche und auf den Markt gehen, solange ich einige Vorschriften beachtete.

Trotz meines Alters war es noch nicht zu spät, diese Vorschriften zu erlernen. Eine Frau ist nur dazu da, um beobachtet zu werden, heißt es. Gott, Du hast uns als Menschen mit Verstand und der Fähigkeit kreiert, die Männer zu verführen, doch Du schenkst uns auch den Trost des Alters, in dem eine Frau unbemerkt bleibt, wenn sie sich gut genug tarnt. Ich war eine fromme Frau, die vom Dorf, wo die armen Bauern die harten Böden beackerten, an den wohlhabenden Hafen ziehen konnte, um dort geschickt Handel zu treiben. O Herr, hättest Du mich doch nur als Mann erschaffen! Was für ein großartiger Kaufmann ist Dir an mir verloren gegangen. Wäre ich Henry, Samuel oder David gewesen statt Deborah, wäre diese Geschichte eine andere. Aber dies war Dein Plan, und ich folgte ihm wie den Linien auf einer Karte. Ich lernte zu verbergen, wie schnell ich im Kopf rechnen konnte, wie ich auf einen Blick die Größe der Getreidesäcke erfasste und wie gut ich mich mit Botanik und dem Gewürzhandel auskannte. Gemächlich, aber beharrlich entdeckte ich die Freude am Sammeln von Schätzen. Es gab wenig Befriedigenderes als das Wissen, dass es mir niemals an einem Dach über dem Kopf und an einer warmen Mahlzeit fehlen würde, dass es möglich war, den Reichtum zu vervielfachen, und dass die gesammelten Schätze mir Macht verliehen. Außerdem lernte ich aus meinen Fehlern: Wenn für den Pastor aus Saugus mein Haus und mein Leben durchsichtig gewesen waren und mein Körper ein verdächtiges Objekt, das es zu überwachen galt, würde ich in Salem nur durch die Kunst des Verbergens überleben können.

Da wir gerade vom ersten Pastor sprachen: Den konnte ich mit dem zweiten Brief an die Korinther zum Verstummen bringen, aber wozu sollte ich den neuen Pastor täuschen, Reverend Peter, der mächtiger und intelligenter und deshalb viel gefährlicher war? Dass mein Haus so nah an dem seinen lag, war unleugbar ein Problem. Viele hätte das eingeschüchtert. Aber ich hatte gelernt, dass mein Alter, genau wie mein Witwenstand, mir von Vorteil war. Wir erkannten einander in der Kirche, ganz unabhängig von unserem Alter. Auch ob wir arm oder reich waren, spielte keine Rolle, wir alle kannten unsere Möglichkeiten und nutzten sie eifrig. Was sollten wir Witwen denn auch anderes tun, wenn wir zu einem häuslichen Leben innerhalb der Familie gezwungen waren? Viele von uns hatten schon erwachsene Kinder mit eigenen Nachkommen. Mein Henry zum Beispiel war nach Saugus zurückgekehrt und hatte dort ein frommes, unscheinbares Mädchen kennengelernt, das er heiraten wollte. Er war ein gewöhnlicher Schmied, der sich gut an die neuen Sitten angepasst hatte.

Obwohl das bedeutete, dass ich von Henry getrennt war, hatte ich das Gefühl, dass es der richtige Augenblick dafür sei. Auch um ihn vor dem zu schützen, was geschehen konnte. Denn in der Neuen Welt ereigneten sich unerklärliche Dinge, die empfindsame Gemüter erschrecken konnten. Kurz nachdem ich in mein neues Haus eingezogen war, erfuhr ich etwas Merkwürdiges: In Salem verschwanden Frauen. Wenige, aber sie verschwanden. Niemand wusste, weshalb. Die meisten waren gesittete, schweigsame junge Mädchen aus guten Familien, die über Nacht vom Erdboden verschluckt waren. Nicht einmal ihre Angehörigen hatten eine Erklärung für das Unerklärliche, sie konnten nur ihre Gottesfurcht zum Ausdruck bringen, wie wir alle. Die Nachbarn tuschelten vor ihren Häusern, an der Kirchenpforte, als könnten sie mit ihrem Gemurmel direkt vor dem Gottesdienst ein Gespenst vertreiben, das über uns hing wie ein übler Geruch. Man sagte mir, ich solle mich vor dem Teufel hüten, Salem wirke ruhig, aber der Teufel sei überall.

Auch in unserem neuen Leben gab es also Geheimnisse. Zwar konnte ich Handel treiben, aber nur unter der Hand, ohne allzu viel Aufsehen zu erregen. Ich durfte nicht in der Öffentlichkeit reden, keine Politik betreiben, nicht einmal eine Familie versorgen, aber das alles bedeutete mir nichts mehr. Salem war für mich wie ein leeres Blatt Papier, das ich beschreiben musste, eine weiße Leinwand, auf die ich meine eigene Zukunft zeichnen konnte, wenn auch nicht nach Belieben, da ich eine Reihe von Vorgaben befolgen musste. Die Sünde lauere allenthalben, sagten sie. Und doch hatten uns die Gründerväter einen dünnen Faden gegeben, an dem wir ziehen konnten, ohne die Folgen zu bedenken. Wie konnte es sein, dass sie es nicht bemerkten? Uns Frauen überließen sie den häuslichen Bereich und die Aufgabe, einander Moral und Glauben zu predigen. Und entsprach das nicht unserer Vorstellung vom Paradies? In Salem konnten wir in aller Seelenruhe von Haus zu Haus gehen, wie es uns beliebte, ohne damit gegen die Vorschriften unserer Gemeinde zu verstoßen. Wir besuchten Kranke, halfen bei der Missionierung der Wilden und durften sogar Dein göttliches Wort verbreiten, wenn auch nur im Privaten und unter Angehörigen unseres eigenen Geschlechts. Die Decke, unter der wir lebten, war niedrig, aber sie ließ uns Luft zum Atmen.

Zehn, fünfzehn Frauen in der Abgeschlossenheit eines Hauses, wo sie nicht flüstern mussten, sondern offen über das Wort Gottes sprechen und debattieren konnten. Waren die Männer wirklich so einfältig? Wieso bemerkten sie nichts?

Anne. Jetzt, da alles vorbei ist und ich sie niemals wiedersehen werde, gestatte mir, o Herr, die Erinnerung an alles, was geschah, bevor es schmerzhaft wurde. Wie ich sie das erste Mal sah, als sie das aufgeschlagene Knie ihrer kleinen Tochter mit dem feuerroten Haar verarztete, unserer lieben Susanna. Sie konnte alles, Anne mit ihren vogelleichten Händen und ihrer porzellanweißen Haut. Und obwohl sie nur wenig jünger war als ich, betrachtete ich sie immer als eine Tochter oder eher noch als eine Nichte, die viel agiler und aufgeweckter war als ich und mit der mich keinerlei Blutsbande verband. Denn wie wir alle wissen, führt Blut zu nichts Gutem. Wie ich später erfuhr, waren wir beide auf dem Land groß geworden und als junge Frauen fast zur gleichen Zeit nach London gezogen. Es grenzte an ein Wunder, dass wir uns dort nicht begegnet waren, oder vielleicht war das wahre Wunder, dass wir uns später begegneten, auf dieser reinen Leinwand, die Salem war.

Jetzt, nach so langer Zeit, da mir nichts geblieben ist als der salzige Sand in meinem Mund, gestatte mir, mich an all das zu erinnern, was ich an ihr bewunderte: ihre Fähigkeit, alles miteinander in Einklang zu bringen, ihre Rolle als Ehefrau und Mutter eines Dutzends Kinder, die Haushaltsführung und die eiserne Entschlossenheit, Deinem göttlichen Willen zu gehorchen. Nichts konnte Anne ablenken, wenn sie sich auf ihre Pflichten konzentrierte, nicht einmal ihr Gatte, Mister Hutchinson, ein schweigsamer Mann, der nur selten störte. Selbst in dieser Hinsicht hatte sie eine gute Wahl getroffen. So zu leben ist eine Kunst, die sie ausgezeichnet beherrschte. Sie beklagte sich nie über ihre Aufgaben, ihre Predigten waren klug und ungeheuer präzise, und darüber hinaus wusste jeder, dass sie ihre Kinder zu einem Geschlecht von Siegern erzog. Ihre älteren Söhne sollten es in unserem neuen Kanaan zu etwas bringen, und der Lauf des Schicksals gab ihr Recht. Was war noch einmal die Geschichte mit ihrem Erstgeborenen? Wurde er General? Kaufmann? Ach Gott, manchmal spielst Du mir diese Streiche, und mein Gedächtnis lässt mich im Stich. Aber an das Entscheidende erinnere ich mich: dass ihr Beruf als Hebamme in unserer neuen Welt ihr Zugang zu allen Frauen verschaffte, die wir für unseren Aufstand gewinnen wollten. Sie war vollkommen, Anne war vollkommen.

Gemeinsam waren wir groß, findest Du nicht? Das denke ich jetzt, da mich das Gespenst des Tages heimsucht, an dem wir uns kennenlernten, unser bedeutendster Moment. Mein Gott, geliebter Gott, lass mich nicht über das sprechen, was danach kam. Lass mir die Erinnerung daran, wie sie war, als ich sie kennenlernte, lass mir meine Anne einen Moment lang, jetzt und hier unter all der salzigen Erde. Schließlich haben wir für das andere noch die ganze Ewigkeit.

10. CALLE DEL CARME (VORHER)

Während sich die drei pakistanischen Brüder in ihren Drehstühlen fläzen, flackert im Call Shop das Neonlicht. Es ist elf Uhr morgens an einem eisigen Novembertag, und die drei sind lustlos. Sie haben erst vor zehn Minuten aufgemacht, und das nur wegen dieser Frau, deren Spiegelbild ich jetzt in der Glasscheibe sehe. Eine ganze Zeitlang ist sie vor dem Laden auf und ab gewandert, ohne sich aufraffen zu können, ihn zu betreten, wie eine unentschlossene Katze, eine von denen, die bei den Werften und im Hafen auf der Suche nach den fauligen Fischresten umherstreunen, die von den Möwen übriggelassen wurden. Die Möwen werden immer größer und fetter, niemand würde sich wundern, wenn sie sich eines Tages über die Katzen hermachten. Seit Neuestem häufen sich seltsame Ereignisse, die Tiere sind unruhig. Es gibt eine Legende über Barcelona, die besagt, dass von hier aus ein Loch in die Unterwelt führt. Angeblich befindet sich dieses Loch bei den drei Schornsteinen von Sant Adrià de Besòs, diesen Zementungetümen, die aussehen wie aus einem Science-Fiction-Film, aber das glaube ich nicht. Das Tor zur Unterwelt liegt eindeutig irgendwo hier im Raval. Die Leute im Viertel merken es, die Tiere sind eingepfercht, in den engen, lichtlosen Gassen fehlt ihnen die Luft zum Atmen, deshalb verhalten sie sich in letzter Zeit so merkwürdig. Vor ein paar Tagen bin ich in der Calle Sant Vicenç an einem Hund vorbeigekommen, der immer wieder mit dem Kopf gegen die Wand schlug, ich habe es jemandem erzählt, und der wollte mir nicht glauben, aber ich weiß, was ich gesehen habe, und der Beweis dafür ist der Blutfleck, der immer noch sichtbar ist wie eine Schrift an der Wand. Vielleicht hatte der Hund Tollwut, aber es ist besser, nicht genauer nachzuforschen, sonst halten sie mich noch für verrückt.

Schließlich betritt die Frau den Laden doch, mit müdem Gesicht, aber weit offenen Augen, als würde sie sie bewusst aufreißen, um wach zu bleiben. Sie sieht sich um und fragt dann nach einer Kabine. Keiner der drei Männer wundert sich, dieses ganze Viertel ist seltsam, vermutlich ist die Frau eine Ausländerin, der sie das Handy geklaut haben, oder ein orientierungsloser Junkie, vielleicht auch beides, wer weiß. Die müde wirkende Frau, deren Spiegelbild ich in der Glasscheibe der Kabine sehe, bin natürlich ich.

»Hallo, hörst du mich? Ja. Weißt du noch, wer ich bin? Ja, ist lange her. Freust du dich nicht, von mir zu hören? Entschuldige, dass ich während der Arbeitszeit anrufe, aber deine Sekretärin hat mir netterweise gesagt, dass du ein bisschen Zeit hast. Na ja, aber fünf Minuten hast du schon, oder? Nein, mach dir keine Sorgen, es ist nichts passiert. Mir geht es gut. Geht's dir auch gut? Ich habe so lange nichts von dir gehört. Heute habe ich dann deine Adresse herausgesucht, weil ich beruflich nach Bristol muss und dachte, du wärest vielleicht umgezogen oder so. Ich weiß auch nicht, warum ich in den letzten Tagen so viel an unsere gemeinsame Zeit hier in Barcelona denke, keine Ahnung, ich dachte, ich könnte dich vielleicht besuchen. Es war nur so eine Idee, es könnte ja ganz nett sein, weißt du, ich habe nicht mal ein Foto von dir, und jetzt, wo alle Handys mit Kamera haben und so, musste ich daran denken, wie oft ich auf diesem Platz auf dich gewartet habe oder du auf mich, bestimmt sind wir auf ein paar Touristenfotos abgelichtet. Ich musste an die ganzen Ellenbogen denken, weißt du noch, wie wir immer Witze darüber gemacht haben, auf wie vielen Fotos wir wohl drauf sind? Daran erinnere ich mich noch, wie ich auf dem Platz auf dich gewartet habe, auf dem immer so viele Leute waren, und wie irgendein japanischer Tourist uns garantiert erwischt hat, dich oder mich, ein Stück vom Gesicht, ein Auge oder irgendwas anderes. Jedes Mal, wenn wir weggingen, wusste ich, dass dein Kinn oder mein Haar oder ein Ärmel in der Ecke eines japanischen Fotos verewigt wären, festgefroren für immer.

Na ja, auf jeden Fall dachte ich, ich könnte mir ein paar Tage freinehmen und dich besuchen. Ich muss oft an dich denken. Diesen Sommer waren wir am Strand, obwohl er Strandurlaub eigentlich nicht mag, aber wir waren mit ein paar Freunden dort und hatten ein wunderschönes Haus, überall wuchsen Feigenbäume, es hätte dir gefallen, wenn man morgens aufwachte und das Fenster aufmachte, waren da die Bäume voller Früchte. Wir sind mit einer Motoryacht rausgefahren, und das Meer war ganz ruhig und blau und hat geglitzert. Als ich klein war, habe ich das Glitzern auf dem Meer Feenstaub genannt, habe ich dir das schon mal erzählt? Also, jedenfalls waren wir am Strand, und da habe ich viel an dich gedacht, weil ich einen Leuchtturm gesehen habe, albern, was?, und da fiel mir die Postkarte mit dem Leuchtturm wieder ein, die du mir zwei Wochen nach deiner Abreise geschickt hast, und ich habe mich gefragt, wie es dir geht und ob es bei euch sehr kalt ist ... Klar ist es kalt bei euch, wie dumm von mir.

Ich wollte dich fragen, wie du jetzt über die Leute denkst, die Fotos von sich posten, Ellenbogen und Kinne überall, es macht mich ganz verrückt, nicht zu wissen, was du davon hältst, manchmal wundert es mich, dass wir nichts voneinander haben, nicht mal ein Foto.

Was machen deine Kinder, können sie schon sprechen? Ach so, klar, wie dumm von mir. Neun und zwölf? Das kann nicht sein. Es ist doch keine zwei Jahre her, dass wir ... Acht Jahre? Stimmt. Tut mir leid. Klar, du bist beschäftigt. Ich will dich nicht länger aufhalten, nur einen Moment noch, ich wollte dir nur noch erzählen, dass ich jetzt am Strand daran gedacht habe, wie wir damals zusammen am Meer waren und du zu mir gesagt hast, dass ich im Leben immer tun sollte, was ich will, und ich dir gesagt habe, ich wollte einfach bloß mit dir zusammen sein und aufs Meer hinaussehen wie in diesem Augenblick, und da hast du gesagt, das wäre kein wirklicher Wunsch und ich müsste mir was Richtiges vornehmen, ein Lebensziel haben. Und daran muss ich jetzt dauernd denken. Jedes Mal, wenn ich das Meer sehe, denke ich an dich, und das passiert hier in Barcelona natürlich ständig, nein, unterbrich mich nicht, tut mir leid, ich weiß, ich hätte nicht anrufen sollen, ich wollte dir nur sagen, dass ich nie aufgehört habe, an dich zu denken, ich bin glücklich, aber ich muss immer daran denken, wie es wäre, mit dir zusammen zu sein, nein, bitte leg nicht auf, doch, doch, es geht mir gut, ich weiß, dass es eine Dummheit war, entschuldige, das Beste ist, du vergisst diesen Anruf. Klar geht's mir gut, und dir? Das ist das Einzige, was wichtig für mich ist: dass es dir gut geht, entschuldige, ich muss auflegen, wir reden demnächst mal wieder, klar, kommt uns mit euren Kindern in Barcelona besuchen, unsere Wohnung ist groß genug, danke, ja, mit mir ist wirklich alles okay, adiós, adiós, bye.«

Die drei pakistanischen Brüder haben Kopfhörer auf, deswegen bekommen sie nicht mit, wie die Frau hinten im Laden, die immer noch den Hörer umklammert hält, leise weint. Fünf Minuten später kommen zwei junge Schwedinnen herein und verlangen nach einer Prepaid-Karte, und niemand achtet mehr auf die Frau, auf mich.

X. DEBORAH UND ANNE IN DER MORGENDÄMMERUNG

Ich habe dieses Zwiegespräch mit Dir begonnen, geliebter Gott, aber jetzt kann ich nicht anders, als mich an dich zu wenden, Anne. Was würde ich dir sagen, wenn du jetzt vor mir stündest? Als Allererstes natürlich, dass du dich geirrt hast. Hier bin ich und spreche mit dir, mein Körper ist mir eine Last, aber mein Bewusstsein ist noch intakt. Wie oft haben wir in deiner Stube über das Leben nach dem Tod debattiert? Du hast immer darauf bestanden, offen und furchtlos darüber zu reden. Du musstest immer einen Schritt weitergehen, bis hin zur Ketzerei, bis zum Krieg. Ich weiß noch ganz genau, wie alles anfing. Wir saßen an deinem runden Mahagonitisch, du inmitten von Gegenständen, unzähligen Gegenständen, Bergen von Handtüchern, Laken, Obstschalen, immer mit einem Kind beschäftigt, alles um dich herum war Chaos, aber du merktest es nicht. Du saßest mitten im Chaos, oder besser gesagt, throntest über ihm, schenktest ihm keine Beachtung, erledigtest die Dinge, ohne nachzudenken, schlafwandlerisch, zutiefst davon überzeugt, dass alles Materielle nur eine Störung war, das Einzige, was zählte, war, mich zum Umdenken zu bewegen.

»Du bist die Erste, die versteht, dass unsere Liebe zu Gott unsere freie Entscheidung ist, Deborah. Wie kannst du dann nicht verstehen, dass uns dies die Macht verleiht, über unsere Existenz zu entscheiden? Wer entscheidet, wann und wie du zum Markt gehst? Drängt dich etwa Gott in mein Haus, damit wir diese Gespräche führen können? Nein, es ist deine eigene Überzeugung.«

Mein Schweigen, meine Zweifel klangen wie Verrat in deinen Ohren.

»Wer hat dich auf das Schiff gebracht?«, beharrtest du.
»Gott.«
Du lachtest auf. Immer hast du verächtlich gelacht, wenn ich etwas nicht erkannte, was du schon wusstest.
»Meine liebe Deborah, verstehst du denn nicht? Du bist die Herrin deines Schicksals. Du bist mit deinem Sohn auf dieses Schiff gegangen, weil du arm warst, weil du wusstest, dass du sterben würdest, wenn du es nicht tätest. Ich begreife nicht, wie du das nicht verstehen kannst, du bist doch so eine kluge Frau! Du bist auf dieses Schiff gestiegen, weil es das war, was du tun musstest, und nicht, weil Gott es dir befohlen hat.«
Mir zitterte die Stimme. Es war eine Sache, im Privaten über unsere Wünsche und Pläne zu sprechen, aber dies hier war etwas anderes.
»Aber das ist Gotteslästerung, Anne. Wir befolgen die Heilige Schrift.«
»Ja natürlich.«
»Unser Schicksal ist vorherbestimmt.«
Du lachtest wieder.
»Nein, Deborah. Hier irrst du.«
Du redetest weiter und weiter, bis in die Nacht hinein, deine Stimme wurde lauter und lauter bei dem Versuch, dieser begriffsstutzigen Alten klarzumachen, wie weit wir es bringen konnten, was wir wirklich waren.
»Erzähl mir noch einmal von deinem Gespräch mit dem Pastor von Saugus.«
»Anne, es wird schon Morgen. Es ist kalt, wir haben kaum geschlafen, und ich fürchte mich.«
»Wovor fürchtest du dich?«
»Vor dem Teufel.«
Du lachtest.
»Nun gut, das ist keine geringe Furcht. Komm schon, erzähl es mir noch mal.«

»Der Reverend verwarnte mich, weil ich Geld verdiente, und sagte, ich dürfe es nicht anhäufen, und darauf habe ich ihm mit dem Korintherbrief entgegnet.«

»Und warum hast du das getan?«

»Ist das nicht einerlei? Ich weiß es nicht, es ist mir so entschlüpft.«

»Das ist nicht wahr. Lüg mich nicht an. Stell dich nicht dumm, zwischen uns beiden sollte es nie nötig sein, Unschuld oder falsche Frömmigkeit zu heucheln.« Deine Augen glänzten wie schwarze Murmeln, und du zeigtest streng mit einem gipsweißen Finger auf mich. »Warum hast du es getan?«

»Ich hörte eine innere Stimme, die mich drängte, es zu tun, und ...«

Du schlugst so fest mit der flachen Hand auf den Tisch, dass die Bücher, die darauf lagen, wackelten. Eines deiner Kinder, das an deiner Brust schlief, begann zu wimmern.

»NEIN!«

»Eine Stimme, die mir sagte ...«

»NEIN!«

Das Weinen des Kindes wurde stärker.

»In Ordnung!«, schrie ich. Und dann sagte ich ganz langsam, zischend wie eine Schlange: »Es war meine Stimme, ich war es. Ich wollte ihn widerlegen, ich wollte diesem schweinegesichtigen Pastor, der nicht aufhörte, mich zu belästigen, eins auswischen.«

Endlich war es still, Anne, und du sahst mich mit einem kleinen triumphierenden Lächeln an, zufrieden, dass du die Partie gewonnen hattest. Dann streicheltest du meine Hand und nahmst mich schwesterlich in den Arm.

»Siehst du, meine Liebe, siehst du?«

Ich schwieg, froh darüber, dich endlich zufriedengestellt zu haben, glücklich, dass ich ein Rätsel gelöst hatte, auch wenn es ein Rätsel war, das einen endlosen Abgrund bedeutete, einen

Sprung ins Leere, ins vollkommene Nichts. Aber in jenen Nächten spürte ich die Wärme in meinem Inneren, Anne, wie jemand, der weiß, dass etwas geschehen wird ... Nichts gleicht unserer Vorahnung, der Gewissheit, dass etwas geschehen würde.

11. TURÓ DE MONTEROLS (JETZT)

Ich schrecke aus dem Schlaf hoch, weil mir eine Rusalka erschienen ist. Eine Rusalka, ein Dämon. Ich glaube, dass sie mir in meinen Träumen erscheint, aber sicher bin ich mir nicht, weil ich kaum noch schlafe. Vielleicht kauert sie irgendwo zwischen den gläsernen Wänden dieser Dachgeschosswohnung am Paseo de la Castellana, macht sich platt wie ein Glühwürmchen und kommt nur nachts raus. Wie sie wohl atmet, ob sie überhaupt atmet? Aber darauf kommt es gar nicht an. Ihre materielle Beschaffenheit ist ohne Bedeutung. Ich weiß nur, dass ich im ersten Moment erschrak, als sie plötzlich erschien, und dass ich sie von meinem Bett aus verwirrt und schweißgebadet betrachtete. Ich wusste nicht, was sie war, weil sie vor mir die Gestalt meiner besten Jugendfreundin angenommen hatte. Sie sah aus wie Victoria, ein kleingewachsenes Mädchen mit weit auseinanderstehenden Zähnen, hellbraunem Haar und algengrünen Augen, die ich vor mehr als fünfzehn Jahren zuletzt gesehen habe.

Woran ich mich noch erinnere, als ich jetzt in diesem gläsernen Raum, in dieser Luftblase, diesem Nichts an Victoria denke: dass sie New Age und japanische Gärten und billige Philosophie liebte. Klingt, als wäre sie eine absolute Idiotin gewesen, aber das war sie nicht, ganz im Gegenteil.

Wir lernten uns in der zweiten Woche in der Oberstufe kennen. Es hatten sich bereits Gruppen gebildet: Da gab es die Beliebten, die, denen alles egal war – und dann gab es noch Loser wie mich, Leute ohne Freunde, die von einsamen Kindern zu einsamen Jugendlichen geworden waren und beim Eintritt in die Oberstufe an einer neuen Schule wie Lämmer auf der Suche nach ihrer Mutter über den Schulhof irrten. Victoria war eine von denen, die so unfassbar lässig sind, dass sie sich alles erlauben können. In Technischem Zeichnen setzte sie sich neben mich, lieh sich meinen Zirkel und stellte mir einen Haufen Fragen. Woher kommst du. Wofür interessierst du dich.

Mich hatte noch nie jemand gefragt, wofür ich mich interessierte. Es war eine so kluge, so reife Frage, dass ich nichts darauf zu sagen wusste. Was nicht weiter ungewöhnlich war, weil ich zu der Zeit sowieso kaum redete.

Schon seit ich klein war, hatte ich das Gefühl, dass Gleichaltrige dumm und grausam waren. Als Einzelkind war ich zu Hause von Liebe und übertriebener Fürsorge umgeben. Meine Sozialisation jenseits der Schule begann mit acht, als meine Eltern mich für einen Nachmittag bei einer benachbarten Familie mit Kindern abgaben. Kaum waren die Erwachsenen ins Kino gegangen, fesselten mich die anderen Kinder an einen Stuhl und quälten mich im Spiel mit einer Stricknadel. Ich habe meinen Eltern nie davon erzählt, aber ich werde die Stiche nie vergessen, nicht, wie ich geschwitzt habe, und vor allem nicht dieses bislang unbekannte Gefühl, die Angst, die sich wellenförmig von der Magengrube bis in den letzten Winkel meines Körpers ausbreitete wie Faulschlamm, als ich erkannte, dass jemand, der sehr viel dümmer war als ich, mich umbringen konnte, wenn er nur wollte. Die Welt um mich herum war ein ungastlicher Ort voller absurder Regeln, alle waren Tiere, und so zog ich mich in mich selbst zurück und traute ab sofort niemandem mehr.

Bis Victoria kam und mir diese Frage stellte: Wofür interessierst du dich. Ihre Stimme war leise, beinahe mütterlich. Und sie ging nicht weg, obwohl ich nicht antwortete, sondern nur in ihre moosgrünen Augen starrte, sie lächelte und sah mich an und ging nicht weg. Sie durchschaute meine Unsicherheit und nahm mich unter ihre Fittiche. Von da an musste ich mich um nichts mehr sorgen. Ich hatte eine Freundin.

Victoria war immer konservativ gekleidet, trug dunkle Polohemden und Jeans, vermutlich, um zu verbergen, dass sie kurze Beine und Riesentitten hatte, über die in der Schule gekichert wurde. Aber dank dieser Titten und ihrer natürlichen Gutherzigkeit hatte sie zahllose Verehrer. Ich erinnere mich vor allem an einen mit schwarzen Locken und weißer Haut, ein netter Typ, der wie Victoria in der Nähe der Brücke von Vallcarca wohnte und dem sie zu Hause den Strom abgestellt hatten, weil seine Eltern seit einem Monat verschwunden waren und vergessen hatten, die Rechnung zu bezahlen. Das zumindest erzählte man sich. Später erfuhren wir dann die Wahrheit: Die Mutter hatte mit dem Geld für die Kaution ihren Dealer bezahlt, bevor der ihr die Kehle durchschneiden würde.

Victorias Mutter war kein Junkie, sondern Zahnärztin, ihr Vater war seit Jahren weg, und man wusste nichts von ihm, oder jedenfalls erwähnte Victoria ihn nicht. Ihre Mutter hatte wieder geheiratet, deshalb gab es einen kleinen Bruder und einen neuen Mann im Haus, den Victoria in ruhigen Zeiten, wenn alles gut lief, manchmal Papa nannte. Sie wusste, dass sie sich damit bei allen beliebter machte, und ihr fiel es nicht schwer, sich beliebt zu machen.

Meinen ersten Joint rauchte ich an einem Tag, an dem ihre ganze Familie verreist war, ich glaube, zum Skifahren, und sie zu Hause zurückgelassen hatte. Das war ein Glück, aber es bewies auch etwas, über das wir niemals sprachen, obwohl es nicht zu übersehen war: Victoria hatte niemanden, der sich um sie kümmerte. Und sie war nicht die Einzige. Bald lernte ich mehrere Jugendliche kennen, deren Eltern ebenso abwesend waren wie die von Victoria und dem netten Typen, der bei ihr zu Hause vorbeikam, wenn er eine warme Mahlzeit brauchte. Jungen und Mädchen, die Tag und Nacht nur machten, worauf sie Lust hatten. Unter der Woche tranken sie nachmittags im Ateneu von Vallcarca *calimocho*, probten mit ihren Heavy-

Metal-Bands in irgendwelchen Bars und tranken bis in die frühen Morgenstunden im Park Bier. Wer ein Moped hatte, verdiente sein Geld als Pizzabote. Bei den Pizzaketten fragten sie einen nie nach dem Alter. Mit fünfzehn lebten sie praktisch autonom.

Victorias Haus lag genau an der Kreuzung Calle República Argentina und Calle Gomis, ein Schiffsbug aus Beton und Glas, von dem aus man ein großes Stück Himmel und die Avenida Hospital Militar sehen konnte. Im Erdgeschoss des Hauses war ein Puff, und manchmal musste man auf der Treppe um einen Betrunkenen herumzirkeln, der dort mit heruntergelassener Hose eingeschlafen war. Trotzdem war das, was einen oben erwartete, so interessant, dass wir alle gerne hingingen. Wenn man die Wohnung betrat, roch es immer nach orientalischen Gewürzen. Victorias Mutter probierte Gerichte aus, die sie uns zu kosten gab und die ein wenig wie Parfüm mit Rosinen schmeckten. Gerichte, die leuchtend rot und orange waren und einem die Mundwinkel färbten und die wir gehorsam hinunterschlangen, damit wir unsere Ruhe hatten.

Manchmal tauchte der Mann ihrer Mutter vor dem Abendessen auf, manchmal danach; er lächelte uns zu, und wir lächelten von Victorias Zimmer aus zurück. Er wirkte unsicher, wie er da so durch die Wohnung ging, ein älterer Herr, der ratlos zusah, wie um ihn herum die Frauen sich entfalteten, Dinge taten, Geheimnisse und Wünsche hatten und miteinander tuschelten. Er lächelte, und ab und zu schüttelte er den Kopf, als ob all das, was um ihn herum geschah, das Resultat eines unbekannten Zaubers wäre.

In meiner Erinnerung sind Victoria und ihre Wohnung an der Brücke von Vallcarca in die gleichen Farben getaucht, die den Alltag meiner Jugend bestimmten: die Farbe von Milchkaffee, Tafelkreide, dem Rauch eines Joints. Zu Victorias Aufgaben gehörte es, auf ihren kleinen Bruder aufzupassen und am

Hospital Militar vorbei zum nächsten Supermarkt zu gehen und dort den Wocheneinkauf für die ganze Familie zu erledigen. Ich ging gerne mit ihr mit, und unterwegs redeten wir über alles Mögliche. Ihr waren ihre eintönigen Alltagspflichten lästig, mir machten sie Spaß. Endlich hatte ich eine Freundin, endlich konnte ich mich mit dem Zement pubertärer Liebe an jemanden kleben wie eine Muschel an einen Felsen. Endlich konnte ich meinem normalen, behüteten, langweiligen Zuhause entfliehen.

Auf dem Turó de Monterols, zwischen Pinien und Eukalyptus, lernte ich von Victoria das Rauchen. Wir hingen mit einer Gruppe von Pennern herum, die sich dort Tag für Tag trafen, quatschten stundenlang, im Park oder irgendwo anders, saßen zusammen oder zu Hause am Telefon. Über was redet ihr bloß die ganze Zeit?, fragten unsere jeweiligen Erziehungsberechtigten, mal lachend, mal genervt, wenn sie das Telefon selber brauchten. Und wir hätten am liebsten geantwortet über alles, worüber du nicht redest.

Victoria dachte anders als alle Leute, die ich kannte, deshalb verbrachte ich gerne Zeit mit ihr. Sie wusste, wie soziale Beziehungen funktionieren, und das half mir, meine extreme Schüchternheit zu überwinden. Mit ihrer Hilfe lernte ich endlich die Grundregeln der Außenwelt, einschließlich der Regel, die für Jugendliche die wichtigste ist, nämlich, dass man seinen eigenen, persönlichen Geschmack entwickeln muss. Wofür interessierst du dich? Das war ihre erste Frage gewesen, und es war eine Prüfungsfrage. Was andere machten, war ihr egal. Victoria gefiel es, wenn man einzigartig und originell war. Darum interessierte sie sich für andere Menschen, denn sie war in gewisser Weise auch einzigartig. Unter uns mit unseren abrasierten oder gebleichten Haaren, den Jogginganzügen und T-Shirts mit Logos von Punkbands hätte Victoria mit ihren Pullovern mit V-Ausschnitt, den Goldohrringen und den Mokassins damals, mit sechzehn, leicht wie eine Außerirdische wirken können, aber das tat sie nicht, und das lag an der Selbstsicherheit, die sie verströmte. Sie umgab sich mit den Rebellen, den Widerspenstigen oder extrem Schüchternen und kümmerte sich um sie. Wir waren die, die in der Schule links liegen gelassen wurden. Die Schwuchteln, die Spinner, die Waisenkinder, die sie bei sich zu Hause wohnen ließ, wenn ihre Eltern nicht da waren, und die ihr ihre intimsten Geheimnisse anvertrauten, das, was sie noch nie jemandem erzählt hatten. Wir wechselten uns ab, waren nie alle gemeinsam bei ihr. Und mit jedem von uns verband sie eine persönliche, ganz besondere Beziehung. Victoria schenkte dir nicht ihre Freundschaft: Sie gab dir eine vollständige, abgeschlossene, sichere Identität. Immer hatte sie Zeit und Zuneigung für alle. Victoria war unser Heiland, zu dem wir Tag für Tag pilgerten, über die Brücke von Vallcarca oder durch den Turó de Monterols, immer auf der Suche nach Liebe.

Als ich eines Nachmittags unangekündigt aufkreuzte, sah ich, wie sie an der Ecke ihres Hauses auf einem roten Renault mit Joel knutschte, einem hoch aufgeschossenen Skinhead, der an der Abendschule sein Abi nachholte. Er hatte die Hand unter ihrem Pullover, und ihr Gesicht war gerötet. Ich konnte sie nicht keuchen hören, aber ich konnte es mir vorstellen. Ich ging, ohne dass sie mich bemerkten.

Wenige Tage vor der Aufnahmeprüfung für die Uni rief Victoria bei mir zu Hause an. Sie war sehr nervös und fragte, ob ich in den Park kommen könnte, eine rauchen. Bei ihrem Anblick war mir sofort klar, was ich schon am Telefon geahnt hatte: Etwas Schlimmes war passiert. Sie hatte schon immer an den Nägeln gekaut, aber an diesem Tag waren ihre Finger blutig gebissen, und sie versuchte immer wieder, sie unter den langen Ärmeln ihres T-Shirts zu verstecken. Ihr Fuß wippte unablässig, als führte er ein Eigenleben, wie ein epileptisches Tier, wie ein wild flatternder sterbender Vogel.

»Die wollen mich nach Brighton schicken«, sagte sie. »Meine Mutter, die alte Fotze, hat meine Schubladen durchwühlt und das Dope gefunden, und jetzt haben sie beschlossen, mich wegzuschicken. Sie sagen, ich muss wieder zu mir kommen.« Ihre Augen waren weit aufgerissen, und sie fing wieder an, an einem Nagel zu kauen. »Ich soll als Au-pair arbeiten. Weißt du, was das ist?«

Ich schüttelte den Kopf.

»Bügeln und Babyscheiße wegmachen, das ist es. Sie sagen, so lerne ich Englisch. Indem ich ein Jahr lang für irgendwelche Ausländer das Dienstmädchen mache.« Ihre algengrünen Augen füllten sich mit Tränen, und sie fing an zu schniefen. Ich umarmte sie. Victoria weinte, bis sie Schluckauf bekam, sie war völlig verzweifelt.

Ich hätte gerne mehr gewusst, traute mich aber nicht, zu fragen. Ich hielt sie nur lange im Arm und schwor ihr, dass ich mit ihr gehen würde, ich würde einen Job finden, und alles würde gut. In der Bar an der Ecke zur Schule tranken wir Bier und Schnaps, dann gingen wir gemeinsam zu ihr. Schon im Aufzug roch es aus ihrer Wohnung nach Curry. Ich ging nicht mit hinein, und Victoria bat mich auch nicht darum. Zwei Wochen später, nachdem wir uns wie immer verabredet hatten, half ich ihr, einen riesigen Koffer zu packen, fast so groß wie sie. Als wir fertig waren, schleppten wir ihn unter den wachsamen Blicken ihrer Familie durch den Flur bis zur Wohnungstür. Wir blieben die ganze Nacht wach, hörten Musik und quatschten, ohne dass ihre Familie uns daran hindern konnte. An den Rest jenes Sommers erinnere ich mich kaum.

Als wir uns ein Jahr später wiedersahen, hatte Victoria dunklere Haare und einen glitzernden Stein in einem Nasenflügel. »Das ist ein Piercing«, sagte sie, während sie mich umarmte. Sie roch nach Putzmittel und Marlboro Light Menthol und arbeitete in einem spanischen Restaurant, wo sie, wie sie mir erzählte, allein an Trinkgeld doppelt so viel bekam wie fürs Kinderhüten und Bettenmachen bei englischen Familien. Sie erklärte mir, was ein Cunnilingus ist – ein Arbeitskollege hatte es mit ihr gemacht, als sie das erste Mal mit ihm rummachte. Sie redete viel und freute sich, mich zu sehen, und ihre Bewegungen hatten etwas Schnelles, Entschlossenes, das ich damals nicht deuten konnte. Heute weiß ich, dass es ein Zeichen des Erwachsenseins ist. Sie erzählte mir auch, dass sie gekokst hatte und dass man damit mehr arbeiten konnte und weniger schlief.

Jetzt, da ich alles – oder fast alles – vergessen habe, weil meine Hirnmasse von den Tabletten zerfressen ist (so stelle ich mir das zumindest vor: dass dieses ganze gelbliche Pulver sich mit meinem Blut vermischt und meine Fantasie und meine Erinnerungen ausgelöscht hat), bleiben mir nur noch diese Augenblicke aus meiner Jugend. Von dem, was nachher kam, weiß ich fast nichts mehr, aber an die Zeit, als wir Teenager waren, kann ich mich noch gut erinnern.

Zum Beispiel erinnere ich mich an dieses eine Mal im vorletzten Jahr der Oberstufe, als wir mit drei gleichaltrigen Freunden in ein Haus in Comarruga fuhren und Victoria sich bis zur Bewusstlosigkeit mit Pfirsichschnaps betrank. Als sie wieder zu sich kam, kotzte sie fast einen Tag lang eine Mischung aus Spaghetti und Wasser. Ich sehe Victoria mit feuchten, strähnigen Haaren vor mir, während ich ihr den Kopf über der Kloschüssel halte. Das war lange bevor ihr Haar in England wegen des fehlenden Sonnenlichts nachdunkelte. Man kennt nur die Menschen wirklich, deren Veränderung man miterlebt hat, die man schon geliebt hat, bevor sie so wurden, wie sie heute sind, sanfter und umgänglicher.

Ich weiß noch, dass Victorias Haare dunkelblond waren, bevor sie in den Zwanzigern mausbraun wurden, denke ich jetzt verwundert in meiner gläsernen Wohnung. Ich erinnere mich an einen gestreiften Teppich, den Victoria für ihre Wohnung in London gekauft hatte – wo wir, wie ich irgendwann resigniert erkannte, niemals zusammenwohnen würden – und auf dem wir, als ich sie besuchte, einschliefen, nachdem wir geraucht und billigen spanischen Wein aus dem Supermarkt getrunken hatten. Das war die Zeit, als sie anfing, sich in aussichtslose Fälle zu verlieben. In jenem Jahr war es ein Saudi, der mit ihr und sechs weiteren Typen in einer WG lebte und dem sie sich jedes Mal an den Hals warf, wenn sie sich auf dem Flur begegneten und niemand sie sah. Er trug weiße Sneaker und eine Golduhr, kiffte in aller Öffentlichkeit und erzählte mir, als wir uns einmal unterhielten, dass er lieber Rapper werden würde, als das millionenschwere Familienunternehmen zu übernehmen. Ein anderes Mal, als er total besoffen war, erzählte er mir, dass er ein Mädchen heiraten müsse, das manchmal in der WG rumhing. Er hatte sie am Royal College of Art kennengelernt, sie hatte künstliche Fingernägel und geglättetes Haar und war aus einer guten Familie und vor allem Muslima. Wenn er händchenhaltend mit seiner Verlobten auftauchte, schloss Victoria sich in ihrem Zimmer ein und kam nicht mal zum Essen heraus. Ich schlug ihr vor, gemeinsam eine Runde zu drehen, aber Victoria war nicht aus dem Haus zu kriegen. Sie fing an, den Koran zu lesen und Arabisch zu lernen, und redete sich ein, der Typ liebe nur sie. So ging das ein ganzes Jahr, bis der Saudi nach Riad zurückkehrte.

Danach kamen andere. Ein Werbetexter, der regelmäßig in dem Restaurant aß, in dem sie bediente, und sie auf sein Boot einlud, das in Camden an der Mole lag, ein belgischer Fotograf, von dem wir alle wussten, dass er schwul war, der aber – o Wunder! – Victoria so sehr verehrte, dass sie ihn für kurze Zeit zur Heterosexualität bekehren konnte. Wie stolz sie ihn uns allen vorführte! Sie hatte den perfekten Mann gefunden, jedenfalls für eine Weile. Dann gab es noch einen kokainsüchtigen italienischen Skifahrer, hinter dem sie ein ganzes Jahr lang her war. Der tauchte manchmal, wenn er gerade kein Geld und keine Unterkunft hatte, bei ihr auf und flüsterte ihr etwas ins Ohr, und dann verschwanden die beiden in ihrem Zimmer, und man hörte wochenlang nichts von ihr, bis er wieder weg war. Alle waren früher oder später wieder weg, verließen London, nur Victoria blieb. Es ging ihr wie so vielen Leuten, die in irgendeiner Metropole hängenbleiben, wie ein Insekt, das immer wieder gegen die Fensterscheibe fliegt. Und wie viele andere auch jobbte sie in Restaurants und Läden der U-Bahn-Zone eins und lebte in WGs in Zone fünf.

Victoria verschwand vor mehr als fünfzehn Jahren aus meinem Leben, als sie ihren jetzigen Ehemann kennenlernte, einen netten, stinknormalen Ingenieur aus Valencia, der ihr Stabilität und ein Kind versprach. Vorher musste sie sich allerdings zwei Jahre damit begnügen, seine Geliebte zu sein, bis er seine Frau verließ und ihr das gab, wonach sie sich offenbar am meisten sehnte, eine Familie. Und diese neue Ära war natürlich das Ende unserer Freundschaft. Wochenlang hatten wir ständig über das Thema gesprochen, und irgendwann reichte es mir. Nachdem sie mir eines Nachts wieder einmal endlos ihr Herz ausgeschüttet hatte, hatte ich genug davon und kritisierte ihn heftig dafür, dass er so lange brauchte, um sich zu trennen. Ihr warf ich ihre Abhängigkeit von Männern vor, und zählte ihr – was noch schlimmer war – mit moralischer Überlegenheit all die Demütigungen auf, die sie über sich hatte ergehen lassen. Ich glaube, ich hoffte, sie dadurch zurückzugewinnen. Aber da irrte ich mich. Ich sah den harten Glanz in Victorias Augen nicht. Diesmal sollte ihr niemand ihre Illusionen rauben. Sobald er sich für sie entschieden hatte, hörte sie auf, meine Anrufe und Briefe zu beantworten. Kein Wunder, schließlich war es ihr gutes Recht, noch mal ganz von vorne anzufangen – und vor allem, nicht verurteilt zu werden. Victoria entfernte mich aus ihrem Leben wie eine Wunde, die vernarben muss, sie verbrannte alles, was infiziert war, nämlich uns und unsere symbiotische Beziehung, dann verschwand sie. Die größte Rache, lernte ich damals, ist, wenn man dir die Möglichkeit zu einem letzten Wort nimmt.

Letzte Nacht habe ich Victoria wiedergesehen. Sie erschien mir im Halbschlaf, tauchte in meinem leeren Wohnzimmer auf, als liefe sie über das spiegelglatte Meer. Meine Rusalka, ein Gespenst, ein Wassergeist in Gestalt einer Frau, die unfreiwillig eines gewaltsamen Todes gestorben ist. Die Rusalka: eine Wasserfrau aus der slawischen Mythologie. Aber man muss nicht auf die Folklore zurückgreifen, um zu verstehen, dass meine Rusalka Victoria war. Ich wollte aufstehen, um sie besser sehen zu können, aber irgendetwas versperrte mir den Weg, sodass ich nicht zu ihr gelangen konnte. Als ich an ihr heruntersah, bemerkte ich, dass sie sich mühsam auf Krücken fortschleppte und Beine dürr wie Stecken hatte. Ihre Haut war durchscheinend wie Zigarettenpapier, das Haar war lang, glatt und dick wie die Borsten eines Besens. Und ihre Augen, die früher graugrün gewesen waren, waren jetzt völlig weiß, ohne Pupillen. Victoria kam auf mich zu, und ihr Atem roch nach Pflanzen, als sie sagte, das Kind sei tot und ich solle nicht mehr nach ihm fragen. Welches Kind?, schrie ich, aber sie lächelte bloß. Heute kann ich wieder nicht schlafen, und so habe ich im Internet recherchiert, ob Victoria noch lebt. Sie lebt noch. Es war nicht ganz einfach, sie zu finden, sie war schon immer schwer zu fassen, aber zuletzt habe ich sie auf Fotos aus ihrer neuen Nachbarschaft entdeckt, einer Stadt in Norwegen, wo ihr Mann als Berater für irgendetwas kompliziertes Technisches arbeitet. Sie hat ein Haus und ein Kind, und die beiden sehen glücklich aus. Auf Fotos sehen alle glücklich aus.

Nachdem ich sie verloren hatte, kamen andere Freunde, aber ich habe niemanden wieder so geliebt wie Victoria. Ich weiß noch genau, wie ihr jugendlicher Körper sich anfühlte, wenn wir ganz nah beieinander waren. Ich erinnere mich an nichts mehr, aber ich kenne jeden einzelnen Leberfleck auf ihren Armen und ihrem Rücken, ich kenne die Farbe ihrer unlackierten, abgebissenen Nägel, ich kenne ihren Bauch, weiß genau, wie er sich wölbt, ich weiß, wie ihre Haut sich anfühlt, wenn sie trocken ist, ich erinnere mich an ihre weißen Unterhosen, an die BHs, die ihren üppigen Busen kaum fassen konnten, ich könnte den genauen Umriss ihrer Waden zeichnen, ihre Körperbehaarung, so blond, dass sie fast durchsichtig war. Jetzt und hier, in diesem leeren gläsernen Haus in Madrid, kann ich sehen, wie sich ihre Wadenmuskeln spannen, wenn sie die Avenida Hospital Militar bergauf geht, eine Jugendliche mit einem Einkaufswägelchen, ich sehe, wie sie es mühsam hinter sich herzieht, weil es so schwer ist, sehe ihre Füße in den alten abgewetzten Ballerinas und wünsche mir, ich könnte zurückgehen und ihr helfen, den Einkaufswagen die ganzen Stockwerke hinauf bis in ihre Küche zu tragen. Ich wünsche, ich könnte ihr helfen, die ungeheure Last zu tragen, die sie mit ihren sechzehn Jahren tagtäglich schleppen musste.

Kürzlich habe ich entdeckt, dass es den Turó de Monterols gar nicht gibt. Offiziell heißt er Parc de Monterols. Als ich Teenager war, gab es nur den Turó de Monterols, die schmutzige Treppe, auf der die Skinheads und die Kiffer in ihren Jogginganzügen saßen, wenn sie Schule schwänzten.

In meinen schlaflosen Nächten, die ich vor dem Computer verbringe, sehe ich auf der Webseite der Stadt, dass der schmutzige Turó, der Hügel, auf dem ich einen Teil meiner Jugend verbracht habe, nicht nur diese Treppe aus kaltem Stein ist. Weiter oben gibt es einen kleinen Wald aus Eichen, Steineichen und Zypressen, es gibt Kinderschaukeln, einen Ort, an dem die Leute joggen und die wohlgenährten Hunde aus den schicken Vierteln Sant Gervasi und El Putxet spazieren führen.

Aber wir sind nie auf diesen Hügel gestiegen, wir sind nie über die Treppe hinausgelangt, sind nie auf die Idee gekommen, eine Runde durch den Park zu drehen. Wozu auch? Unsere Welt beschränkte sich auf diese steinernen Stufen und zwei Beete voller Zigarettenkippen, mehr brauchten wir nicht.

Der Turó ist ein Park, Victorias Körper ist nicht mehr da, und ich werde ihn nie wiedersehen, das weiß ich jetzt genau. Ich berühre das kalte Glas meines Fensters, und mir wird bewusst, dass Victoria immer hier sein wird, wenn ich mich umdrehe, kann ich sie beinahe sehen. Victoria, mein Gespenst, meine Rusalka.

XI. DEBORAH, ANNE UND DIE FRAUEN

Wenn ich jetzt darüber nachdenke, bin ich überrascht, wie schnell das Gefühl der Fremdheit in diesem neuen Land schwand. Ich gewöhnte mich rasch an den Fischgeruch im Hafen, die endlose Weite des Meeres, an unsere neuen Häuser, die viel kleiner waren und niedrigere Decken hatten, aber ungeheuer praktisch waren. Von meinem kleinen Stück Land aus, das auf einer Anhöhe am Rande des Ortes lag, der allmählich zur Stadt heranwuchs, schweifte mein Blick jeden Morgen über die Bucht und erfasste alles, was unser war, endlich unser. Und in meinem Kopf begann ich, Linien zu ziehen.

Durch Tauschhandel, Landkauf und Darlehen an die Handwerker und Krämer, die sich nach und nach ansiedelten, brachte ich es mit der Zeit zu beträchtlichem Wohlstand. Ja, ich war eine Frau, aber viele Männer brauchten mich: Hier eine kleine Summe für den Pferdehändler, die ihm half, sein Geschäft zu vergrößern, dort ein Beitrag zum Dach des Kornspeichers, so machte ich mich unentbehrlich. Mein Witwenstand schien mich vor den forschenden Blicken der Obrigkeit – sprich, der Kirche – zu schützen. Anne forderte mich auf, mich nicht mit diesem Leben zufriedenzugeben: »Entscheide du, mit welcher Berufung du Gott am besten dienen kannst. Entscheide dich nicht für das, was dich am reichsten oder angesehensten macht, sondern für das, mit dem du am meisten Gutes bewirkst und am ehesten der Sünde entfliehst.«

Der Sünde? Ich, eine Frau von mehr als fünfzig Jahren, eine Sünderin? Manchmal überraschte mich Anne mit Bemerkungen, die die intimsten Dinge betrafen, aber sie sprach nicht von der Fleischeslust, sondern davon, dass mir meine neue Stellung sichtlich gefiel. Das brachte mich zum Nachdenken, und ich ging in meinem Haus auf und ab und machte mir ernsthafte Gedanken, schwor mir, nicht zuzulassen, dass meine Augen vom Anblick des Goldes geblendet und mein Herz vom Glanz und der Süße irdischer Güter betört würden. Ich dachte an Dich, Vater, und sehnte mich nach Deinem Wort, um nicht der Versuchung durch den Wohlstand anheimzufallen und um meine Seele von Deiner Gnade erfüllen zu lassen.

Anne konnte mir meine Sorgen an der Miene ablesen, und sie war es auch, die mich davon befreite: Komm heute Nachmittag mit mir in den Wald, sagte sie eines Tages leise zu mir, als sie sah, wie müde und lustlos ich war.

Ich folgte ihr, natürlich folgte ich ihr. Anne trug ein Bündel auf dem Rücken und Stiefel, mit denen sie durch den Schlamm waten konnte, und überall roch es nach Birke und Buche, nach Kälte und feuchten Blättern. So marschierten wir eine ganze Weile durchs Unterholz, umgingen Gestrüpp und nahmen Weggabelungen, die Anne gut zu kennen schien, weil sie sich jedes Mal ohne Zögern für eine der Abzweigungen entschied.

Als es dunkel wurde und mir vor Anstrengung schon die Beine schmerzten, kamen wir an eine Waldlichtung, auf der ein kleines Feuer brannte und ein Verschlag aus Zweigen und Häuten stand. Was ich durch die niedrige Eingangsöffnung erspähte, ließ mich zur Salzsäule erstarren. In der Hütte lag Regina Robinson, die vor Monaten am Tag ihres vierzehnten Geburtstags spurlos verschwunden war.

Regina stöhnte, schweißüberströmt. Sie hatte einen dicken Bauch, und zwischen ihren Beinen quoll Blut hervor.

»Nein, nein, nein.«

»Deborah, steh nicht einfach so herum.«

»Nein, nein, nein.«

»Du musst mir helfen, das Kind ist unterwegs, du musst mir helfen, es zur Welt zu bringen.«

Und ich, die weder das Schiff noch die Ratten oder die Fäulnis geschreckt hatten, sah mich dazu außerstande. Ich entfernte mich von dem Verschlag und setzte mich ans Feuer, hielt mir die Ohren zu, um die Schreie der jungen Robinson nicht hören zu müssen. Ich versuchte, mich daran zu erinnern, wie sie vor Monaten ausgesehen hatte mit ihrem feuerroten, schulterlangen Haar, wie sie auf dem Weg zur Kirche fröhlich hinter ihrer Mutter hergelaufen war. Aber ihre Stimme übertönte alles, sie klang wie das Heulen eines wilden Tieres, ein gutturaler Laut, den ich nie zuvor vernommen hatte und dem ich jetzt lauschen musste als Buße dafür, dass ich zu lange versucht hatte, meine eigene Seele zu vergessen. Das Feuer glühte noch, als Anne aus dem Verschlag kam, die Stirn nass von Schweiß, die Unterarme in schleimiges Blut gebadet und ein Bündel auf dem Arm, klein und warm wie ein Brotlaib.

»Es ist alles gut gegangen.«

»Und Regina?«

»Ihr geht es auch gut.«

Wir betrachteten beide den neugeborenen Jungen, ein kleines Tier, noch ganz neu, ohne Bewusstsein, nichts als ein Stück Fleisch.

»Wie konnte sie so lange im Wald überleben?«

»Ich habe jede Woche nach ihr gesehen. Die Indianer haben sie respektiert, weil sie rothaarig ist. Rothaarigen tun sie nichts zuleide, sie halten sie für übernatürliche Wesen.«

»Und weil du das wusstest, hast du sie hier untergebracht, nicht wahr?«

Anne starrte in die Glut oder vielleicht durch sie hindurch, wie immer.

»Ja.«

Sie warf Tücher auf die Glut, um sie zu löschen, dann sagte sie mit finsterer, ein wenig sorgenvoller Miene: »Habe ich dir jemals erzählt, was mit meinem Vater war?«

Die Frage an diesem Ort und zu dieser Zeit überraschte mich.
»Nein.«
»Er war es, der mich erzogen hat, seit ich klein war. Es widerte ihn an, wie ungebildet die Pfarrer in unserem Dorf waren. Unwissende Männer, die den Gläubigen mit Geschichten über den Teufel Furcht einflößten und nicht einmal in ihren Lehren das Wort Gottes befolgten, grobschlächtige Kerle, die sich Unterkunft und Verpflegung damit verdienten, dass sie den Gottesdienst auswendig herunterleierten, weil sie weder lesen noch schreiben konnten. Einer beschuldigte meine Mutter einmal, eine Ziege geboren zu haben. Sie wollten uns nur Angst einjagen. Wie auch immer, mein Vater erzog mich, weil er zu Hause war. Und warum war ein Mann in seiner Stellung zu Hause und nicht bei der Arbeit? Weil sie ihn wegen Ketzerei verurteilt hatten, nachdem er sich bei der Obrigkeit über die Lügen beschwert hatte, die diese Unholde verbreiteten. Und das nach allem, was wir erreicht hatten, nach der Reformation! Wir hatten die römische Kirche doch nicht verlassen, nur um uns der Autorität solcher Gauner zu unterwerfen, findest du nicht?«

Ich konnte Annes Gesicht nicht sehen, hörte nur ihre Stimme, die in der Dunkelheit grollte wie ein heraufziehendes Gewitter.

»Er wurde in der Kathedrale von London vor Gericht gestellt und zu zehn Jahren Kerkerhaft verurteilt, wo er so krank wurde, dass sie ihm ein Bein amputieren mussten. Und so verbrachte er den Rest seines Lebens in Hausarrest. Dann wurde ich geboren. Er lehrte mich lesen und die Geheimnisse der Pflanzen und Tiere. Ihm habe ich zu verdanken, dass ich Hebamme bin und niemals von Gottes Pfad abweiche.«

Irgendwo heulte ein Wolf.

»Wir müssen gehen, bevor es hell wird.«

Ich nickte.

»Aber du musst verstehen, Deborah, dass ich dich auserwählt habe, weil ich weiß, dass du die Fähigkeit und Hartnäckigkeit besitzt, mich bei diesem Vorhaben zu unterstützen. Du darfst nie wieder zweifeln, du darfst mich nicht enttäuschen. Gott wartet nicht irgendwo da draußen, bis du dich entscheidest, für die Frauen da zu sein, die uns brauchen. Gott ist in dir, er hilft dir jeden Tag und steht dir bei, aber er entscheidet nicht für dich. Das haben wir schon mehr als einmal besprochen. Du schuldest es ihm, und jetzt schuldest du es uns allen. Du musst dich entscheiden: Entweder schließt du dich unserer Sache an, oder ich werde nicht mehr riskieren, dich hierher mitzunehmen.«

Anne glaubte, diese Worte würden genügen, um mich zu überzeugen, aber ich war schon alt und überdies Kauffrau. Das Geschenk, das sie mir anbot, war zugleich eine möglicherweise tödliche Falle: Bis jetzt hatte ich alleine und mit einem sehr viel geringeren Risiko und viel größerem Gewinn gehandelt. Ich wollte den Frauen, die zu uns gehörten, gerne helfen, ihr Schicksal in die eigenen Hände zu nehmen, aber bisher war das nur durch harmlose Gespräche in sicherer Umgebung geschehen. Immer war ich allein gewesen, hatte sorgfältig abgewogen, welche Grenzen ich überschreiten wollte und wie ich mich vor den forschenden Blicken der Obrigkeit rechtzeitig in Sicherheit bringen konnte. Jetzt hatte sie mich hierhergebracht und damit unmittelbar zu ihrer Komplizin gemacht.

Aber Gott, mein Vater, wie hätte ich mir nicht den fiebrigen Blick vorstellen können, mit dem sie mich in der Dunkelheit musterte, wie hätte ich nicht verstehen können, dass ich etwas geben musste, um etwas zu bekommen. Wie hätte ich zurückweichen können, wo ich doch schon am Rande des Abgrunds stand und ihre ganze Kraft, der Wirbelwind, der sie war, mich aufforderte, zu springen. Eine Gefährtin, eine Mistreiterin, eine Gleichgesinnte, ja, eine Gleichgesinnte.

»Ich bin bei dir. Ich bin bei Gott.«

Ich weiß, dass Anne lächelte, endlich, ein leichtes Lächeln, auch wenn ich sie in der nächtlichen Dunkelheit nicht sehen konnte. Ich sah sie nicht, aber ich weiß es.

»Gut. Dann lass uns nach Hause zurückgehen.«

12. PLAZA JAUME SABARTÉS (VORHER)

Natürlich bist du kurz davor, mich zu verlassen. Ich weiß das nur deshalb nicht, weil ich mittlerweile so verblödet bin, dass ich nur noch erkenne, was direkt vor meinen Augen ist, wie ein Esel mit Scheuklappen. Aber wenn ich weiter blicken könnte, würde ich die Anzeichen sehen.

Wir vögeln nicht mehr. Auch wenn das nicht das Entscheidende ist – jedenfalls nicht für dich, das war es nie, was mich immer noch erstaunt.

Es läuft immer schlechter zwischen uns. Unsere Pläne verlieren zunehmend an Schwung. Die Ideen für unseren Weihnachtsurlaub haben wir in null Komma nichts wieder verworfen, jetzt ist Februar, und wenn ich zum Denken in der Lage wäre, wüsste ich, dass es noch vor dem Sommer aus sein wird. Die unzähligen Dinge, die wir besitzen, vergilben. Die Fotos an den Wänden, die Bücher in den Regalen, das Sofa, alles verblasst, und wir geben der Terrasse die Schuld daran. Wer hätte gedacht, dass das Sonnenlicht nach und nach das Unsrige verbrennen würde, sagen wir. Das, was für uns einmal das Schönste und Beste an der Wohnung war, macht uns jetzt unser Hab und Gut kaputt, das Einzige, was uns noch verbindet. Würde ich bemerken, was wirklich los ist, dann wäre mir längst aufgefallen, dass du immer öfter beschäftigt bist, dass du mehr und mehr Zeit am Telefon und am Computer verbringst, am Tisch unseres Wohnzimmers, das inzwischen als dein Büro fungiert. Dort finden jetzt die ganzen Treffen und Aktivitäten statt, und wenn du ein und aus gehst, würdigst du mich keines Blickes. Aber das bemerke ich nicht. Ich sehe nur zu, wie die Zeit vergeht, als passierte das alles nicht mir. Immer öfter sitze ich einfach nur auf dem Sofa herum, ein weiteres Ding, betrachte mich von innen und von außen und verabscheue mich. Sieh sie doch nur an, sage ich zu mir selbst. Krieg den Arsch hoch, tu was. Und genauso läuft es mit uns. Unsere Beziehung ist wie dieses Foto geworden, das ich nicht mit mir in Verbindung bringe und deshalb nicht deuten kann, etwas, was jemand anderen betrifft.

Dennoch behalten wir natürlich gewisse Gewohnheiten bei. Jetzt, wo alles um uns herum zu einem fleischlosen Knochengerüst geworden ist, bin ich ganz besonders vorsichtig. Seit unserem letzten Streit versuche ich systematisch, alles zu vermeiden, was dich verärgern könnte, auch wenn mir das offenbar nicht gelingt. Morgens presse ich die Orangen genau so aus, wie du es gerne magst, und bringe dir den Saft ans Bett. Ich achte darauf, in der Wohnung immer Hausschuhe zu tragen, damit meine Schritte dich nicht stören, wenn du schläfst. Ich mache dir keine Vorwürfe, dass du so selten zu Hause bist. Einmal habe ich es gemacht, vor kurzem. So tief bin ich gesunken. »Wo gehst du denn jetzt schon wieder hin«, habe ich dich gefragt, als ich an einem Samstagnachmittag wieder mal auf dem Sofa herumlag wie ein Mehlsack. Und obwohl ich in letzter Zeit völlig weggetreten bin, habe ich sofort gemerkt, wie sehr du mich dafür verachtest, es war so unübersehbar, dass ich mir geschworen habe, es nicht mehr zu tun. Nie wieder.

Könnte ich über meine Nasenspitze hinaussehen, würde mir auffallen, dass du mich nie fragst, wohin ich gehe, du bist nicht mehr eifersüchtig, ganz im Gegensatz zu früher. Da zog jeder Männername, den ich zufällig erwähnte, sofort ein Verhör nach sich. Warst du mit dem Kerl im Bett? Wirklich nicht? Du kannst es mir ruhig sagen, ich bin nicht sauer. Und anschließend hast du mich wegen irgendeiner Kleinigkeit zusammengestaucht, weil ein Schuh nicht dort stand, wo er sollte, weil ich eine Tasse Tee auf dem Nachttisch abgestellt hatte. Aber warum jetzt noch daran denken, das ist längst vorbei, ich gehe sowieso nirgendwo mehr hin außer von unserer Wohnung zur Arbeit und zurück, also musst du dir vermutlich keine Sorgen mehr machen. Bei den Telefongesprächen mit meiner Familie bin ich einsilbig, und meine Freundinnen rufen mich schon lange nicht mehr an, wozu auch, ich rufe ja nie zurück. Die Arbeit? Völlig egal. Seit einiger Zeit bringe ich nicht mehr die geforderte Leistung. Meine Chefin hat mich schon ein paar Mal ermahnt. Wenn ich nicht am Computer sitze und so tue, als würde ich irgendein Dokument lesen, immer dasselbe, telefoniere ich mit dir. Ich gehe auf dem verglasten Gang auf und ab, der zwischen dem Großraumbüro und den Fenstern zum Einkaufszentrum liegt, und wir diskutieren stundenlang über irgendwelche Nichtigkeiten. Meine Kolleginnen sagen nichts, sie sind fleißig, konzentrieren sich auf ihre Bildschirme, mischen sich nicht in fremde Angelegenheiten ein. Manchmal, wenn wir an ein und demselben Tag drei oder vier Mal miteinander telefoniert haben, weine ich auf dem Klo, aber nicht mehr so oft wie früher.

Unsere Streitigkeiten. Wir kommen nicht mehr aus dem Streiten heraus. Aber dass wir uns streiten, bedeutet immerhin, dass du noch da bist, sage ich mir manchmal. Trotzdem habe ich mir vorgenommen, mich zu ändern. Ich werde dich nicht mehr anzicken, weil Rotwein nicht in den Kühlschrank gehört, denn diese Bemerkung hatte einen der größten Kräche aller Zeiten zur Folge. Einen monumentalen, geradezu historischen Krach. Der Wein. Der Wein! Es gibt immer weniger sichere Räume bei uns zu Hause. Überall lauern Minen, und jede Banalität kann eine drei Tage dauernde Auseinandersetzung auslösen. Und wenn wir nicht streiten, arbeitest du. Viel, sehr viel. Du telefonierst im Flur stundenlang im Flüsterton, während ich in der Küche hinter verschlossener Tür das Müsli direkt aus der Schachtel löffele. Meine Bulimie, zu Beginn unserer Beziehung noch latent, ist längst zu einem unkontrollierbaren Monster geworden. Ich stopfe wahllos Essen in mich hinein. Röstzwiebeln, Fischpaté, einen ganzen Camembert. An den wenigen Tagen, an denen du nicht von zu Hause aus arbeitest – jetzt, da ihr dabei seid, eine Partei zu gründen, wirst du mehr denn je gebraucht –, bestelle ich Sushi für drei. Damit du es nicht bemerkst, verteile ich die Reste auf die Mülltonnen der Umgebung. Eines Tages kommst du frühmorgens in die Küche und erwischst mich dabei, wie ich ein ganzes Glas Sauerkirschen vertilge, und du blickst mich so angewidert an, dass ich es gerade noch schaffe, mich umzudrehen und die letzte Kirsche auszuspucken. Sie beschreibt eine perfekte Kurve und prallt am Spülbecken ab. Nadia Comăneci, zehn Punkte.

Nach und nach wird mir klar, dass es das Beste ist, wenn ich mich in eine Art Haustier verwandle, nett, flauschig und brav. Wenn du mich bei einem Fehler ertappst, stürze ich mich in die Hausarbeit. Ich wasche die Wäsche, hänge sie auf, wische sämtliche Flächen ab, schrubbe unsere Sachen mit billigem Allzweckreiniger, jeden Tag, wieder und wieder. Ich reinige den Fußboden, wie ich mich von meiner Schuld reinige: zu spät, zu heftig und ungeschickt. Ich bügele Hemden, schüttele Decken aus, hole Staub- und Haarflusen unter den Möbeln hervor. Einmal, als deine Freunde zu Besuch sind, redet ihr über das feministische Potenzial eurer neuen Partei, während ich euch den Aperitif serviere.

Das ist der Tag, an dem alles aus dem Ruder läuft, der Tag, den du später als Begründung anführen wirst. In diesem Augenblick ist es mir nicht bewusst, aber dieser Tag liefert dir den Vorwand für das, was anschließend passiert. Nachdem ich das Essen aufgetragen und euch eine Weile zugehört habe, beschließe ich, mich mit Martini volllaufen zu lassen. Mich abzuschießen. Während ihr über die Listen für die Wahlbezirke debattiert, wechsle ich zum Rotwein, und von da zerspringt meine Erinnerung in tausend Stücke. Beim Nachtisch bin ich dermaßen besoffen, dass ich nur noch farbige Flecken wahrnehme. Hinterher rekonstruieren wir, dass das der Moment gewesen sein muss, in dem du mich bittest, euch einen Kaffee zu machen, woraufhin ich dir nach Aussage der Anwesenden antworte, steh gefälligst auf und mach ihn selber. Dein Lächeln erstarrt, so erzählen es später die anderen, und du gehst in die Küche. Ich lache und erzähle deinen Freunden, dass du gerne Kinder mit mir hättest, aber keinen hochkriegst.

Als ich Stunden später aufwache, liege ich auf dem Bett; die Zunge klebt mir am Gaumen, und ein scharfer Schmerz schießt mir durch Nacken und Schläfen und schließt sich zu einem Kreis. Deine Freunde sind weg, es ist Nacht. Ich kann deinen Gesichtsausdruck nicht erkennen, als du mich bittest, mit dir ins Wohnzimmer zu kommen. Allerdings bemerke ich, wie sehr du dich beherrschst. Deine Stimme ist ruhig, du sprichst langsam, wägst jedes einzelne Wort ab. Noch nie habe ich mich so gefürchtet wie in diesem Augenblick. Ich glaube, dass du mich schlagen wirst, aber das ist es nicht, was mir Angst macht. Zum ersten Mal höre ich einen neuen Tonfall an dir, der mich aufhorchen lässt wie ein Hund, nach dem man pfeift. Dein Tonfall ist nicht mehr hart oder verächtlich, sondern besonnen und vollkommen distanziert. Ich merke, dass du mit mir redest, wie man bei einer Lesung in der öffentlichen Bibliothek zu einem Publikum von lauter Siebzigjährigen redet, die auf die Signierstunde für das Buch über die Geschichte ihres Stadtteils und die anschließend servierte heiße Schokolade warten. Du redest nicht mehr mit mir. Und da wird mir klar, dass du mich gar nicht schlagen musst, weil ich schon tot bin, und ich verstehe, warum du in diesem belehrenden Tonfall mit mir sprichst: Du redest mit jemandem, dem du die ganze Geschichte erzählst. Das Wichtigste ist, vor allen Zuhörern, denen du später von uns berichten wirst, gut dazustehen. Während mir das Adrenalin durch die Gliedmaßen schießt und ich denke, nein, du wirst mich nicht schlagen, dringen Satzfetzen an mein Ohr, das mit uns beiden funktioniert nicht, bla bla bla, es ist besser, wenn wir uns trennen, und dass du dir alles schon genau überlegt hast und wir den Mietvertrag sicher ändern können, obwohl die Wohnung auf meinen Namen läuft, denn natürlich wirst du sie behalten.

XII. DEBORAH UND DAS DANACH

Ich kann das Ausmaß dessen, was geschehen ist, nur erfassen, wenn ich bedenke, was wir später taten. Hier, unter der Erde, fühle ich mich, wie ich mich gefühlt habe, als alles zu Ende ging, als sie uns aus Salem vertrieben. Du hattest mich zur Heimatlosigkeit verdammt, mich, die Hausbesitzerin, mich, die ich eigentlich dazu geboren war, zu heiraten und durch ständige Geburten allmählich zu zerschleißen, so wie die Mädchen, die Anne in unseren besten Jahren rettete.

Aber was geschah danach? Niemand erklärt dir, wie einsam es ist, als alte Frau weiterzuleben. Davon will niemand hören. In der Ewigkeit, die ich jetzt schon hier unter der Erde bin, dringt manchmal ein Echo an mein Ohr, Stimmen, die erzählen, dass mein Name geachtet, ja sogar gefürchtet war. O Herr, wie schwer hast Du mich geprüft! Die Heilerin hatte von einem Engel gesprochen, aber nicht von all dem, was danach kam, mit keinem Wort erwähnt, wie diese verfluchten Ratten uns verrieten. Wie sie versuchten, mir wieder alles wegzunehmen. Du findest, ich rede zu viel vom Geld? Gestatte mir, Dir zu widersprechen. Jahrhundertelang hat man uns Frauen gelehrt, die Wichtigkeit des Geldes zu missachten, und das einzig und allein, um uns von ihm abhängig zu machen. Es wird nie erwähnt, denn es gilt als das Gegenteil von Liebe. Denk nicht ans Geld, denk an die Liebe, heißt es. Ah, die Liebe! Unser Leben ist voller solcher Lügen. So ist es, und seit ich hier verdammt bin, scheue ich mich nicht, es auszusprechen. Aber auch wenn ich tot bin, denke ich lieber daran zurück, wie es mir gelang, uns zu retten. Denn ja, unsere Rettung verdankten wir mir.

Als das Grauen, das wir in Salem durchlebt hatten, vorüber

war, blieb mir nur die Einsamkeit des Alters. Die Pakte. Die Bosheit der Männer zu kennen und zu wissen, wie man mit ihr umging. Ich hatte so viel gelernt, dass mir nichts anderes übrig blieb, als wieder einmal an einem anderen Ort von vorne anzufangen.

Ich erinnere mich, wie wir mitten in der Nacht auf einem geliehenen Karren flohen und wie viel Angst wir hatten, entdeckt zu werden. Trotz allem. Wie wir Tag und Nacht unterwegs waren, flankiert von zwei Wachen, die uns aus der Kolonie hinausgeleiteten, um die Siedlungen der Indianer zu umgehen. Die Glaubenskriege hatten begonnen, und wie immer waren sie nichts anderes als Kriege um Land. Unsere Gouverneure bedienten sich der Stämme, wie es ihnen beliebte, schlossen Abkommen mit ihnen, die sie hinterher brachen. Ganze Landstriche wurden samt ihren Bewohnern verbrannt, die Körper auf einen Haufen geworfen und angezündet, und alles, um Zeit, Platz, Freiräume zu gewinnen. Das Evangelium zu verbreiten ist ein weiter Begriff, der zahllose Sünden umfasst. Unter den Worten, das hatte ich längst erkannt, verbargen sich Blut und Grauen.

Ich jedenfalls hatte genug von Tod und Bedrohung, und so hatte ich inmitten dieser finsteren Nacht beschlossen, dass ich nicht noch einmal dasselbe erleben wollte. In meiner lange zurückliegenden Jugend hatte die Heilerin in ihrer nach Tierfellen stinkenden Hütte von einem Engel und zwei Reisen gesprochen, aber das, was mir jetzt widerfuhr, war eine langsame, überwältigende Tortur. Noch so eine Reise würde ich nicht überstehen, ich musste mich endgültig irgendwo niederlassen.

Natürlich kamen Jahre später die Stimmen, und mit einem Mal war ich nicht länger eine gefährliche Frau, sondern beinahe eine Heilige. Sie benannten einen Platz nach mir, erzählten von mir, dass ich als erste Frau in der Neuen Welt eine Kolonie gegründet hätte. Und das stimmt. Nichts davon ist gelogen. Ich baute mir ein Haus und ließ es mir nicht mehr wegnehmen. Ich bestimmte, wo auf meinem Fleckchen Erde die Straßen verliefen, und markierte, wo mein Heim entstehen sollte, endlich gerade Linien, endlich ein quadratischer Raum, die Grenzen meiner Welt.

Menschen waren gestorben, damit ich meine Freiheit erlangte, aber durch die Pakte, die ich geschlossen hatte, besaß ich nun ein Haus und war außer Gefahr.

Anne ist jetzt auch eine Heilige, was mich sehr amüsiert. Die Menschen sind dumm. Nur der Mantel der Zeit bedeckt uns Frauen, uns alle, die wir gelitten haben, mit vergänglichem, lächerlichem, scheinheiligem Ruhm. Und was nützt er uns, jetzt, da wir tot sind? Genießen die Männer Ruhm und Anerkennung nicht schon zu Lebzeiten? Was ist eine Frau, der gewisse Ehrungen zuteilwerden, denn anderes als ein naives Häschen, dem man übers weiche Fell streicht, nachdem man ihm den Hals umgedreht hat?

Wir waren keine Heiligen, Anne und ich. Ich höre die Stimmen da oben, obwohl ich unter der Erde bin, weil ich alles sehe und höre, ich bin Deine Verkörperung und Dein Fluch, Vater, und diese Stimmen sagen, dass wir Vorbilder waren. Vorbilder! Ich muss lachen, und mein Mund füllt sich mit Salz und Sand.

Anne wäre natürlich stolz. Zu guter Letzt wird ihre Arbeit gewürdigt, wenn auch von ungläubigen, unmoralischen Menschen, die Gott so wenig lieben, Deinem Wort so wenig folgen. Ich weiß nicht, was Anne täte, wenn sie wüsste, dass über diesen Boden Menschen wandeln, die nicht an Dich glauben. Wahrscheinlich würde sie wie von der Tarantel gestochen aus dem Grab springen, auf einen Hocker steigen und Deine Lehren verkünden. Wir wissen alle, dass sie zu ihrer Zeit nichts aufhalten konnte, nicht einmal der Tod.

Als wir nach zwei sternlosen Nächten diese Gegend erreichten, ja, es war diese und keine andere, war ich völlig erschöpft.

Ich hatte überlebt, aber ich konnte das Erlebte nicht vergessen. Wie konnte ich nur glauben, dass sie uns all das tun lassen würden, was wir in Salem taten? Auch ich war dumm. Ich, die Zahlenmeisterin, hatte die Risiken nicht berechnet. Nach Salem wollte ich nur noch ausruhen. Nach Salem musste ich alles vergessen und mich auf die Hoffnung konzentrieren, in Ruhe zu altern.

13. CALLE SANTA TERESA (VORHER)

Ich vertreibe mir die Zeit in einer kleinen dunklen Bar in der Calle Bonavista. Es riecht nach dem typischen Mix aus heißem Fett und erstem Morgenkaffee, und durch das Klappern der Löffel und das Plamm, Plamm, Plamm, mit dem der Kellner den Kaffeefilter ausklopft, dringt die Stimme einer Fernsehsprecherin. »Der Eurovegas-Komplex wird nun doch nicht, wie ursprünglich geplant, in El Prat errichtet.« Der Nebel, der durch mein Hirn wabert, ist wie der Nebel, der an manchen Wintertagen morgens über dem Llobregat liegt, dem Fluss, der durch El Prat fließt. Manchmal muss ich daran denken, wie wir dort spazieren gingen, als wir noch verliebt waren. Man sah Vögel und Fische, das wogende grüne Schilf, die feuchte braune Erde und einen Fluss, der an halb von Pflanzen überwucherten Fincas vorbei in Richtung Meer floss. »Vor wenigen Tagen wurde der endgültige Standort der zukünftigen Glücksspielstadt bekannt: Die Wahl fiel auf das nahe Madrid gelegene Alcorcón.«

Und dann war da plötzlich das Meer, ja, das Meer mit seiner endlosen Sandfläche, wir waren ganz allein, der Wind wehte, und es war, als wäre die Welt neu und rein, nur für uns geschaffen, ich erinnere mich, ja, ich erinnere mich.

»Rechtsvertreter der Regierung fordern eine dreijährige Haftstrafe für zwanzig Teilnehmer der Belagerung des katalanischen Parlaments am 15. Juni 2011«, fährt die Sprecherin fort, und ich kehre wieder zu mir selbst und in die Gegenwart zurück, und obwohl ich dich nicht sehen kann, weiß ich, dass du in diesem Augenblick telefonierst und Versammlungen einberufst und Erklärungen verfasst, und ich stelle mir deine

Empörung und deinen Eifer vor, ich weiß, was Eifer ist, weil ich ihn nicht mehr habe, ich weiß, dass ich ihn irgendwann einmal hatte, dass es diese zeit- und raumeinnehmende Energie gab, ich weiß, dass Eifer Lebenslust bedeutet, im Gegensatz zu dieser Leere zwischen meinen Augen, »... weil sie der Ansicht sind, dass diese ein Vergehen gegen die staatlichen Institutionen begangen haben, indem sie die Abgeordneten am Betreten des Gebäudes hinderten.«

Ich bezahle meinen Kaffee und gehe. Es ist ein ganz normaler Arbeitstag, und ich laufe bis zur Calle Santa Teresa, einer kleinen Straße in der Nähe der Diagonal. Ich liebe die Calle Santa Teresa, weil es sie eigentlich gar nicht geben dürfte: Direkt neben einem großen Boulevard gelegen, ist sie eine schmale, gutbürgerliche Straße mit teuren, leeren Läden, die sich *Concept Store* nennen und vermutlich Dinge verkaufen, und Edelrestaurants, die nur an zwei Tagen in der Woche geöffnet haben. Unwillkürlich halte ich Ausschau nach einem heruntergelassenen grünen Rollgitter, aber ich finde es nicht, vielleicht irre ich mich, und das Ganze war in der nächsten Straße, der Calle Sant Agustí, ich weiß es nicht mehr, es war sehr spät, die Bar hieß Ricks, und ich ging grundsätzlich erst nach vier Uhr morgens dorthin, wenn die anderen Bars zumachten und wir weiterzogen zu den Läden, die illegalerweise noch auf waren: das Ricks, das Lady Godiva, das Agujero Negro. Das Agujero Negro, das »Schwarze Loch«, war natürlich die Endstation, danach kam nur noch der Absturz, aber das Ricks war ein guter Ort, um sich gepflegt einen hinter die Binde zu kippen. In meiner Erinnerung ist es eine zweistöckige Bar mit klebrigen Holztischen und einer langen Theke, an der eine Frau in den Sechzigern, die früher Jaime hieß und dann zu Alejandra wurde, uns lächelnd bediente. Die Bilder von der Bar sind verschwommen, aber eines sticht klar hervor: Ich bin Mitte zwanzig und trinke mit einem Freund ein Bier, er trägt ein weißes Unterhemd und sagt mir, ich solle mir keine Sorgen machen, alles würde gut. Ich glaube, es geht um meinen Job, den ich hasse, vielleicht erzähle ich ihm auch von dem Engländer, seinem blonden Haar, seinem Körper, ich weiß es nicht mehr genau, aber aus irgendeinem Grund beruhigt mich dieser Satz tatsächlich. Wir trinken noch drei Bier und reden über belangloses Zeug, und das Ganze zieht sich in die Länge, weil keiner von uns Lust hat, ins Bett zu gehen, wir überlegen, was wir noch machen könnten, bis Alejandra uns rauswirft, weil es schon Tag ist, wir wissen nicht genau, welcher Tag, also mache ich mich mangels Alternativen auf den Weg in meine Wohnung beim Hospital Clínic. Ich bin so müde und benebelt, dass ich mich einfach nur die Straße hintergleiten lasse, in der Hoffnung, unterwegs irgendwo Wasser zu finden, wie eine gebeugte Pilgerin, die auf der Straße um Almosen bettelt, auch ich habe ein Recht zu leben, gib mir was, gib mir was. Mitten in meinem Halbdunkel aus Alkohol und Speed sehe ich mich mit einem Mal mit wachen, aber verwirrten Sinnen von einer Menschenflut verschlungen, einer Masse aus Leuten, trunken vor Glück, hüftschwingend, ich sehe weiße und grüne Rüschen, jemand wirft mit Konfetti, und die Schnipsel bleiben an meiner Zunge kleben, die sowieso schon ganz rau ist, ich sterbe, ich sterbe, und plötzlich taucht vor mir wie eine Erscheinung ein riesiger Lkw auf und auf ihm fährt der Bürgermeister Joan Clos in einem gelben T-Shirt mit aufgemalten orangefarbenen Flammen an den Ärmeln, das über dem Bauch spannt, und dreht sich unbeholfen nach links und nach rechts.

Zehn Jahre später bin ich in derselben Straße, aber diesmal komme ich nicht aus dem Ricks, ich klingele an einem vornehmen Haus. In der Eingangshalle gibt es keinen Portier, dafür jede Menge Vasen voller Rosen, und ich frage mich unwillkürlich, wer wohl das Wasser wechselt. Der Aufzug bringt mich in den zweiten Stock, wo mir eine Frau um die fünfzig öffnet. Sie wirkt nicht besonders freundlich.

Sie weist mir einen Platz neben einer Bücherwand, und ich setze mich. Sie zückt ein graues Heft und einen Kugelschreiber.

»Du hast angerufen, weil es dir nicht gut geht.«
»Nein.«
»Sondern?«
»Weil ich nicht aus dem Bett komme.«
»Seit wann?«
»Seit ein paar Tagen. Ich kann auch nichts essen. Und ich schlafe nicht. Ich weiß nicht, wann ich zuletzt geschlafen habe, ich glaube, vor sieben Tagen, und wenn ich dann mal einschlafe, wache ich sofort wieder auf.«
»Warum?«
»Mein Freund hat mich verlassen. Er ist jetzt mit einer anderen zusammen. Und ich kann nicht schlafen, weil ich immer denke, sie sind hier.«
»Wo hier? In diesem Haus?«
»Nein, hier in der Stadt. Überall.«
»Aber du weißt, dass das nicht stimmt. Sie sind nicht überall.«

Ich weiß nicht, was ich darauf antworten soll.

»Und dieser Gedanke hält dich vom Schlafen ab?«
»Ja. Ich will ihnen nicht begegnen.«
»Ich wiederhole: Die beiden sind nicht überall. Außerdem ist Barcelona groß.«

Ich schweige. Barcelona ist so groß wie meine Möse, würde ich am liebsten sagen. Tue ich aber nicht.

»Du musst versuchen, darüber hinwegzukommen, davon geht schließlich die Welt nicht unter.«

Nein, die geht nicht unter. Sie hat recht. Zum ersten Mal frage ich mich, ob ich dich überhaupt geliebt habe. Und wenn ich dich nicht geliebt hätte? Wären dann alle meine Probleme weg? Ich versuche, zu denken, dass ich dich nicht geliebt habe. Und wenn doch, macht das, praktisch gesehen, inzwischen eigentlich auch keinen Unterschied mehr.

Ich erzähle der Frau nichts von den Lichtpunkten, die immer öfter aufflackern, wenn ich etwas fixiere. Ich erzähle ihr nicht, dass ich fühle, wie meine Schläfen pulsieren, sobald ich die Augen zumache, und dass ich mich nicht mehr dusche, dass mein Mund rau ist wie der Sand in der kargen Gegend von Monegros an einem Mittag im August. Ich erzähle ihr nicht, dass ich überall braunes Wasser sehe, das uns alle verschlingt.

»Er hat mir gesagt, dass er immer bei mir bleiben würde. Und dass er Kinder mit mir haben will.«

»Menschen machen Pläne, wenn sie zusammen sind. Das ist nichts Ungewöhnliches.« Sie lächelt. Sieht mir in die Augen. Notiert etwas in ihr graues Heft.

»Wie lange wart ihr zusammen?«

»Ich weiß es nicht mehr. Zwei Jahre. Drei? Ich brauche was gegen die Angst. Ich muss schlafen.«

Meine Gedanken auszusprechen, hat mich vollkommen erschöpft. Ich fühle mich wie ein Klumpen Fleisch, den irgendjemand auf diesem mit beigem Satin bezogenen Thonetstuhl abgelegt hat. Nur wie durch ein Wunder halte ich mich aufrecht.

»Nimm täglich drei von denen hier. Wenn du die mittags weglassen kannst, umso besser, denn es könnte sein, dass sie dich ein bisschen benommen machen. Und ich möchte, dass du nächste Woche wiederkommst. Das macht hundert Euro.«

Ich gebe ihr die hundert Euro und bekomme dafür ein gestempeltes Rezept. Zurück auf der Straße, streichelt die Frühlingsluft wieder mein Gesicht. Als ich an dem Ort vorbeikomme, wo das Ricks war, tropfen meine Tränen auf den Boden, ich glaube, es liegt daran, dass ich es endlich gefunden habe. Es existiert nicht mehr, da, wo es war, ist jetzt einer dieser Supermärkte, die rund um die Uhr geöffnet haben. Vielleicht sollte ich lachen. Ich betrachte den Zettel, den mir die Frau mit dem grauen Notizheft ausgehändigt hat, und denke, dass man früher seinen Stoff von seinem Dealer vor allem nachts bekommen hat und so gut wie nie, nein, eigentlich nie, in einer dieser Straßen mitten in der Stadt.

XIII. DEBORAH UND DAS GOLDENE ZIMMER

Aber genug der Abschweifungen. Manchmal funktioniert der eigene Geist so: Man zögert den Moment hinaus, über glückliche Zeiten zu sprechen, um sie nicht abzunutzen, selbst wenn diese Erinnerung der einzige Trost ist, der einem bleibt. Lange habe ich mich gesträubt, an jene Zeit zurückzudenken, weil ich danach zur Einsamkeit verdammt war, aber dies ist der richtige Augenblick, ja, jetzt ist der Augenblick gekommen.

Wir trafen uns bei mir oder bei Anne, dienstags und freitags, wenn die Männer bei der Arbeit waren, damit wir ungestört blieben und keine Erklärungen abgeben mussten. Wir alle wussten schon um Annes Talent, Dein Wort zu predigen, kannten ihre Fähigkeit, zu überzeugen, aber erst jetzt, da sie zur Tat schritt, erkannten wir, wie groß ihre Anziehungskraft war.

Die Frauen trafen nach und nach ein, viele von ihnen, nachdem ich sie auf dem Markt angesprochen hatte. Sie kamen zu uns, um sich Honig, Minze oder eine Salbe zu holen, aber man sah ihren besorgten, müden Gesichtern an, dass sie eigentlich Hilfe nötig hatten. Oft wirkten sie auf mich wie Maultiere, die unter der Last des Lebens fast zusammenbrachen. Die meisten waren verheiratet, aber es war auch die eine oder andere Unverheiratete darunter, der die Frage, wann wohl die Liebe zu ihr kommen und welcher Mann sie zu einer anständigen Frau machen werde, schlaflose Nächte bereitete. Dann kam ich ins Spiel, die weise alte Frau, die zuhörte und das Gewissen beruhigte. Ich nahm sie vor aller Augen beiseite, sodass wir keinerlei Verdacht erregten, und hörte ihnen einfach nur zu. Sie waren wie Tiere, die so abgearbeitet waren, dass man ihnen nur noch den Gnadenschuss versetzen konnte. Einige hatten

Geschichten gehört, die ihnen den Schlaf raubten, wie zum Beispiel das Schicksal der vornehmen, wohlhabenden Mary aus Boston Harbor, die aus Liebe einen Mann aus guter Familie geheiratet hatte und von ihm während ihrer Hochzeitsreise nach England sitzen gelassen wurde. Als die Arme in London ankam, hatte sie keine Mitgift, keinen Schmuck und keine Kleider mehr und war überdies seit ihrer Hochzeitsnacht schwanger. In dieser aussichtslosen Lage sah sie sich gezwungen, dem schlimmsten aller Berufe nachzugehen, den niemand beim Namen nennen will. Wir alle sahen sie vor uns, wie sie durch das übelriechende Hafenviertel streifte, eine verlorene Frau, nur noch Haut und Knochen. Könnte mir das Gleiche zustoßen?, fragte mich ein verängstigtes junges Mädchen, eines von denen, die sich mitten auf der Straße förmlich auf mich stürzten, weil sie es nicht mehr aushielten. Eine andere war mit ihren acht Kindern völlig überfordert, ihr Unterleib war zerstört, sie war vorzeitig gealtert, und ihre Haut war mit dreißig Jahren schon gegerbt wie Leder. »Erlegt Gott mir diese Prüfungen auf, um mir zu zeigen, dass ich verdammt bin, ist diese Last meine Strafe?« Dieser Zweifel trieb sie alle um, und das aus gutem Grund: Wir waren von Gott erwählt, dazu bestimmt, in Deinem Namen zu herrschen, unser Schicksal war festgeschrieben, und deshalb war alles, was wir taten, und alles, was uns widerfuhr, ein Zeichen Deiner Gnade oder Deiner Strafe.

Das zerfraß uns innerlich. Diese Last, die wir seit dem Mutterleib bergauf und bergab schleppten, erwies sich als zu schweres Joch für die Frauen, die in der Kolonie als wenig mehr betrachtet wurden als weibliches, mit einem Minimum an Vernunft begabtes Vieh. Es brachte sie an ihre Grenzen, raubte ihnen den Verstand. Und in diesem zerrütteten Gemütszustand waren sie einfache Beute für den Teufel, der mühelos in sie eindrang und sich in ihnen festsetzte. Sie waren wie die Steine in der Wüste und der Teufel wie das Wasser, das Tag um Tag in den Felsspalt tropft, bis es schließlich in der Kälte der Nacht zu Eis gefriert und den Felsen sprengt, sodass nur noch Sand übrig bleibt, tonnenweise Sand.

Und dann waren da natürlich noch die jungen Frauen, die spurlos verschwanden.

Man musste nur auf die Straße gehen und die Augen offen halten, um unsere zukünftigen Schwestern zu erkennen. Und wenn ich sie dann sah, bleich, mit Ringen unter den Augen und zitternd wie Rehkitze, schlug ich zu. Möchtest du nicht zu unseren Bibellesungen kommen? Sie finden zwei Mal pro Woche statt, du wirst sehen, wie gut dir das tut. Rebecca, Mary, Elizabeth. Sarah, Hannah, Miriam. Esther, Ruth, Belkis. Ihre Männer ermunterten sie dazu, viele aus aufrichtiger Zuneigung, andere aus Gottesfurcht. Wer würde die harte Hausarbeit erledigen, wenn ihr Maultier einging? Es gab nicht viele Frauen in der Bucht, die Männer waren in der Überzahl.

Und wenn sie sich dann endlich entschlossen und schüchtern, mit hängenden Schultern und zögernden Schritten, zu unserem Haus kamen, wartete dort Anne schon in der Tür auf sie, empfing sie mit einer Umarmung und sagte ihnen mit ihrer tiefen, warmen Stimme, dass alles gut würde. Sie wies ihnen ihre Plätze, und sie, kleine weiße Tauben, starrten sie an, in der Hoffnung auf einen Schatz in Form eines Zeichens, das ihrem Ungemach, ihrem Leiden einen Sinn verleihen würde. Ich kann nicht mehr, Anne, sag mir, warum ich nicht mehr kann. Ich werde in die Hölle kommen, weil ich mir diese Fragen stelle, wer kann mich noch lieben, warum gelingt es meinem Mann nicht, meine Nerven zu beruhigen, warum kann ich nicht schlafen, das muss der Teufel sein, Anne, nicht wahr?

Und Anne erwiderte seelenruhig, dass Gottes Anweisungen klar und deutlich für jeden waren, der sie hören wollte. Dass sie nur auf ihr Inneres lauschen mussten, dass sie vergessen sollten, was ihre Ehemänner und der Pfarrer ihnen sagten, und die Gottesliebe spüren sollten, die in ihnen war. Du fühlst sie, Schwester, du fühlst sie. Anne sprach von einer Stelle zwischen Brust und Brustbein, diesem Ort, an dem all die Liebe und all die Sehnsucht lagen. Von dem die spirituelle Ruhe ausstrahlte, die sie brauchten. Dass es eine direkte Verbindung zu Gott gab, dass sie mit Dir sprechen konnten, o Herr, und dass sie tief in ihrem Inneren wussten, welche Entscheidungen sie treffen mussten. Sie hieß sie, die Augen zu schließen, und rezitierte mit sanfter Stimme einen Psalm nach dem anderen, und wenn dann das weizenfarbene Licht durchs Fenster hereinfiel, war mein Haus wie eine große Blase aus Gold, randvoll mit Deinem Wort und erfüllt vom Schluchzen der vielen Frauen, die Hilfe benötigten. Nachdem sie die Psalmen aufgesagt hatte – oft waren es die gleichen, die wir in der Kirche von Reverend Peter hörten –, sprach Anne eigene Worte, erzählte von Willen und Vernunft, von der Intuition des Geistes, und erklärte ruhig, dass alles, was wir taten, wir alle, aus guter Absicht geschah. Sie nahm sie bei den Händen und murmelte: Gott wird dich nicht strafen, Sarah, weil du dich vor der Zukunft fürchtest. Du musst dir keine Sorgen darum machen, ob du gerettet oder verdammt bist, Miriam, weil du gestern auf dem Nachhauseweg ein Haarband verloren hast. Dies ist nicht das Zeichen, auf das du gewartet hast. Und Miriam weinte und weinte, bis es mir vorkam, als könnte man ihre Tränen auf den Fußboden fallen hören, so verzweifelt weinten unsere Schwestern auf der Suche nach Trost. Manchmal stellte ich mir vor, wie unsere Tränen sich zu einem Strom vereinten, der unter der Tür hindurch und die Straße entlang bis zum Haus von Reverend Peter floss. Mit unserem Salzwasser würden wir unser neues Kanaan füllen und es zum wahrhaftigen Verheißenen Land machen, und dann würde es unser sein, durch den Schweiß unseres Angesichts, durch die diamantenen Schweißtropfen, die wir vergossen hatten, Töchter des Herrn, Deine Töchter, die wahren Verkünderinnen Deines Wortes.

Und in der Woche darauf waren es nicht vier, sondern acht, und in der nächsten Woche fünfzehn und dann fünfundzwanzig. Wir mussten einen größeren Raum finden, um all dieses Verlangen zu fassen. Ja, Vater, Du musst mich nicht korrigieren: Ich sagte absichtlich fassen und nicht zähmen. Denn bald wurde mir klar, dass unser Verlangen unbezähmbar war.

14. CALLE DEL JUDICI (VORHER)

Ich weiß, dass auf dem Glastisch ein offenes Klappmesser liegt. Ich weiß es, noch bevor ich vom Bett aufstehe. Ich sehe es nicht, ich schaffe es nicht, die Augen aufzumachen, aber ich weiß, dass es da ist. Es liegt neben den Überresten meines Schiffbruchs: den Tabakkrümeln, einem Stück Pappe, zwei Gläsern voller Zigarettenkippen, einer CD-Hülle. Wenn ich die Augen lange genug geschlossen halte, kann ich all diese Dinge vor mir sehen. Früher oder später wird es passieren. Ich muss aufstehen, nachdem ich eine Zeitlang so getan habe, als würde ich schlafen. Aber ich habe nicht geschlafen, das war etwas anderes. Bewusstlos sein ist nicht das Gleiche wie schlafen. Wie lange war ich in diesem erloschenen Zustand? Eine Stunde? Höchstens zwei? Seitdem stelle ich mich jedenfalls schlafend, um den Typen nicht zu wecken, der neben mir liegt.

Ich muss mich nicht umdrehen, um zu wissen, wie er aussieht, ich weiß es genau: grüne Augen, lange, schlanke Gliedmaßen, ein breites Lächeln, wenn er den Mund aufmacht, in einem Ohrläppchen ein Ohrring. Bevor sich mein Gehirn abgeschaltet hat, habe ich dieses Gesicht gesehen. Sie sind alle Versionen des Engländers, einer wie der andere.

»*What are you doing in Barcelona? I am here on tour. What do you do?*«

Irgendwo liegt ein offenes Messer. Als ich mich im Bett umdrehe, entdecke ich blaue Flecken auf meinen Beinen und Unterarmen. Ich richte mich auf und knalle mit dem Kopf an die Decke. Eine Dachgeschosswohnung. Gleich darauf wird mir klar, dass es ein Apartment ist, das der grünäugige Typ für die zwei Nächte gemietet hat, die er in Barcelona ist. Im

Schlaf schimmern seine Nägel wie lackiert, und ich streiche sacht über einen von ihnen. Eine unendliche Zärtlichkeit erfüllt mich, ohne dass ich wüsste, wofür. Noch im Halbschlaf tue ich das, was ich immer tue, wenn ich im Bett eines Fremden aufwache. Ich checke sein Handy – er hat eine Freundin namens Sasha in Wien: *You ok, hon? Call me when you wake up :)* –, ich schnuppere an seiner Kleidung, versuche herauszufinden, wie er in Wirklichkeit ist, ich durchsuche seine Brieftasche. Die zweihundert Euro, die ich darin finde, stecke ich ein.

Seit meine Chefin mich in ihr Büro zitiert und angewiesen hat, mir ein paar Tage frei zu nehmen, bin ich ziemlich blank. Ich denke an sie, an ihren missbilligenden Gesichtsausdruck, ihre Hornbrille, ihr Kostüm. Ich habe versucht, uns beiden das unangenehme Gespräch zu ersparen, aber vergebens. Sie sagte, es sei nur für ein paar Tage, aber ich habe verstanden, dass sie mir damit einen Gefallen erweisen wollte. Den letzten. Also bin ich nicht mehr hingegangen, seit ich angefangen habe, die Pillen zu nehmen. Wozu auch? Ich habe mich nicht mal krankgemeldet, ich hatte nicht die Kraft dazu. Seitdem fühle ich mich, als würde ich in einer Fruchtblase schwimmen, ein keineswegs unangenehmer Zustand. Die zweihundert Euro kann ich gut gebrauchen.

Vor Jahren, als es noch ein Büro gab, in das ich täglich gehen musste, und ich dich noch nicht kannte, bin ich in einem ähnlichen Zustand in einem Zimmer im Hotel Majestic am Paseo de Gràcia aufgewacht. Meine Eingeweide revoltierten vom Alkohol, und mein Gesicht war knallrot – der Typ, mit dem ich geschlafen hatte, hatte darauf bestanden, mich zu ohrfeigen, während wir vögelten –, während ich mich mit den Schuhen in der Hand runter in die Cafeteria schlich und würdevoll einen Cortado bestellte, für den sie mir zwölf Euro abknöpften.

Auch wenn ich noch nichts von den Kopfschmerzen spüre, die hundertprozentig kommen werden, bin ich sicher, dass das gestern eine schlimme Nacht war, als ich meine Klamotten zusammengefaltet auf einem Stuhl finde. Das war nicht ich, das hat er getan. Das heißt, dass er mich gefickt hat und ich es nicht mehr weiß. Da ist er natürlich nicht der Erste. Ich habe immer öfter Blackouts, und sie werden länger und stärker. Und der Ausgangspunkt ist immer eine Bar. Seit du mich verlassen hast und ich wieder auf die Straße gehen kann, sind alle Männer, die mich in der Bar ansprechen, zu gut aussehend für mich, die Boheme-Fantasie aus einem skandinavischen Möbelkatalog. Sie erzählen mir sofort, dass sie scharf auf mich sind, sie sind sich ihrer Sache sicher. Sie haben das Gefühl, mir einen Gefallen zu tun. Also halten sie mir die Tür auf, reißen ihre hübschen grünen Augen übertrieben weit auf, wenn ich einen Witz erzähle, lachen im exakt richtigen Moment.

Alle diese Männer haben ungewöhnliche, interessante Berufe. Sie sind Musiker, Kurzzeit-Bodyguards, Broker in der City, Mathematiker, Astrophysiker. Sie sind Vegetarier, Juden, reden vom Feminismus im Plural und auf Englisch. *Patriarchy*, sagen sie. Sie tragen Kleidung aus Naturfasern – Leinen, Wolle, Baumwolle –, pendeln zwischen Hongkong und Berlin, New York und Jerusalem, Reykjavík und London, immer sind es nicht greifbare Städte in reichen Welten, in denen sie den Tätigkeiten nachgehen können, denen sie eben so nachgehen. Und alle sind nur auf der Durchreise. Du solltest kommen, dort hättest du sicher einen Wahnsinnserfolg mit dem, was du machst, sagen sie, ohne genau zu wissen, was ich mache. Alle haben aufgeschlossene Freundinnen, die eifersüchtig sind, aber nach außen hin polyamourös, divers, dünn, nervös und langhaarig, perfekte beste Freundinnen, die Yoga machen und Kombucha trinken und auf ihre Darmflora und den Jodgehalt in ihrem Blut achten. Manchmal sind sie in der Bar mit dabei, und die Typen stellen sie mir vor. Mich stört das nicht. Ich weiß, dass ihre Freunde – Uli, Andy, Patrick – mit mir mitgehen werden, und sie wissen das auch. Ich weiß, dass das weh tut, denke ich. Ich weiß, es tut weh. *Sisterhood*, denken sie.

In diesem Augenblick wacht er auf und lächelt mich an, was für ein Glück. Er kratzt sich am Kopf und tut überrascht über das, was geschehen ist. Dann sagt er, dass er mich zum Frühstück einlädt, und ich weiß, dass er das tut, um mich aus der Wohnung zu bekommen, aber sein Vorschlag ist irgendwie süß und einfühlsam. Plötzlich macht es mir nicht mehr so viel aus, ohne Kondom gefickt zu haben. Oder mich an nichts zu erinnern. Ich erinnere mich nicht, was gestern Abend passiert ist – ich weiß nur noch, wie ich darauf bestanden habe, in einem Hauseingang in der Calle Joaquín Costa Speed zu kaufen, noch nicht zu vögeln, weiterzutrinken. Ich glaube, ich habe ihm erzählt, dass ich mich kürzlich getrennt habe, und er hat Mitgefühl geheuchelt, und dann hat er mich in den Arm genommen, was sich schön anfühlte, und ich weinte. Ich habe ihm erzählt, du hättest mich geschlagen, was nicht stimmt, aber ich weinte, und das rechtfertigte meine Tränen, ich hatte nicht damit gerechnet, dass ich weinen würde, ich war selbst überrascht. Ich erzählte ihm auch, dass die Apokalypse bevorsteht, dass wir alle ertrinken werden, dass er froh sein kann, in einer Stadt zu leben, die weit über dem Meeresspiegel liegt. Danach erinnere ich mich an nichts mehr, aber ich nehme an, dass er mich in sein Bett befördert, mir die Beine gespreizt und mich gefickt hat, während ich bewusstlos war.

Der Musiker sieht mich erwartungsvoll an, also sage ich: »Ich lade dich ein«, damit er nicht nach seiner Brieftasche sucht. Ich rechne nach, dass mir einhundertundneunzig Euro bleiben werden, um mit dem Taxi in die Wohnung zurückzufahren, in der ich wohne, seit du mich verlassen hast. Sie gehört dem Vater meiner Mitbewohnerin, einer französischen Studentin, die an der Esade einen Master macht, und ich habe vor, dort den Rest des Tages ungestört dahinzuvegetieren.

Auf dem Glastisch liegt ein Klappmesser. Endlich sehe ich mich in ihm widergespiegelt, aufgedunsen, zerfressen von Schuldgefühlen, mit wehem Herzen.

XIV. DEBORAH UND DAS BILD VOM FLUSS

Wir wählten zwei von Annes glühendsten Anhängerinnen aus, uns bei der Organisation unserer Versammlungen zu helfen. Mein Haus war zu klein geworden, aber eine besonders Eifrige konnte den Gouverneur überzeugen, uns den Schulhof zu überlassen. Die Idee war brillant: Wir leisteten ja tatsächlich Erziehungsarbeit und waren dort überdies sicher vor Reverend Peters immer durchdringenderen und forschenderen Blicken. Eigentlich taten wir nach den Regeln der Gemeinschaft nichts Verbotenes, aber je häufiger wir uns trafen, desto öfter überschritten wir eine Grenze, die so brüchig war wie das erste Eis des Winters.

Ich informierte die Frauen und entschied, über welche Themen wir sprechen würden. Anne stieg auf ein kleines Podest und beantwortete die drängendsten Fragen der Gläubigen, die sich in konzentrischen Kreisen um uns herum drängten, damit alle auf dem Schulhof Platz fanden. Anne drehte sich einmal im Kreis, um jede Einzelne ins Auge zu fassen. Die Fragen der Frauen nahmen kein Ende, aber ebenso unerschöpflich war Annes Kraft, sie hörte sie an, bis alle zufriedengestellt waren. Und genau wie wir besprochen hatten, benutzte sie Wörter, die wie Saatkörner im Inneren der Frauen aufgingen: Anne und ich waren davon überzeugt, ihnen begreiflich machen zu können, dass die Liebe Gottes von ihrem Verständnis des Willens abhing, wenn man nur die richtigen Bilder wählte.

»Glaubt nicht, Schwestern, dass ich damit Willkür meine«, sagte sie wieder und wieder mit ihrer sanften und zugleich festen Stimme, sobald das zweifelnde Gemurmel anhob. »Ich will euch nur zeigen, dass wir frei sind und frei sein müssen, um nach unseren Wünschen und unserem Antrieb zu handeln, denn da unser Leben vorherbestimmt ist, ist eben dies unsere Pflicht. Wir können unser Schicksal nicht ändern. Wir sind Frauen, und Gott hat uns hierher bestellt, damit wir sein kostbarstes Werk vollbringen, nämlich Leben zu schenken. Aber wir können das Leben auch in Bahnen lenken.«

Bei diesen Worten sah sie eine der Frauen fest an: »Mary Robson, was macht dein Mann Samuel? Ich habe gesehen, dass er das Ufer des kleinen Flusses befestigt, der in den Teich mündet. Ist das etwa Ketzerei? Greift er damit in Gottes Plan ein?«

Mary Robson erbleichte, saß stumm und starr wie ein Mäuslein, das man dabei ertappt, wie es an einem Brotkrumen knabbert, und Anne verdrehte die Augen. »Natürlich nicht, Mary, sorge dich nicht. Gott hat uns erwählt, ehe der Welt Grund gelegt war, dass wir sollten sein heilig und unsträflich vor ihm in der Liebe. Epheser 1, Vers 4. Samuel hat einfach nur eine Entscheidung getroffen, die unser tägliches Leben hier in der Gemeinde betrifft. Wir brauchen diese Mauer, um den Bach einzudämmen, damit er nicht über die Ufer tritt und wir während der Regenzeit sicher sind, nicht wahr?«

Alle nickten, ja, genau so war es.

Und dann erhob Anne die Stimme. Diese Stimme, die bis jetzt ganz ruhig geklungen hatte, wurde hell und strahlend und leuchtete in allen Farben der Natur.

»Gott hat uns in seiner Gnade die Möglichkeit gegeben, zu handeln, weil er weiß, dass wir tun, was wir tun, um zu überleben. Der Unterschied, meine Schwestern – und das ist das Beruhigende – liegt darin, dass wir gar nicht gegen unsere Bestimmung handeln können, eben weil sie unabänderlich ist. Unsere Handlungen spiegeln nur den Willen Gottes, denn unser Tun geschieht zum Wohle der Allgemeinheit, nicht für unsere persönliche Freiheit. Und darum seid ohne Sorge. Wir sind Töchter des Schicksals, wir sind seine Erbinnen!«

Und die Frauen applaudierten mit leuchtenden Augen, erleichtert und hoffnungsfroh, voller Stolz, die beste Predigerin auf ihrer Seite zu wissen, die so anders war als die Kirchenältesten oder Reverend Peter, die ihnen nie zuhörten, die das Wort eng und rigide auslegten, sich auf es stützten wie auf einen Stab. Anne sprach zu ihnen, sie bot ihnen eine Zukunft, und dafür schenkten sie ihr ihren Glauben, ihre Zeit, ihr ganzes Leben.

Wenn dann alle gegangen waren und nichts zurückblieb als die Stille, schlossen wir das Schultor und machten uns auf den Weg nach Hause.

»Glaubst du, ich habe mich klar ausgedrückt?«
»Klar und deutlich, Anne.«
»Wie fandest du das Bild vom Fluss?«
»Perfekt. Viel besser als das Bild vom Spiegel, das Reverend Peter letzten Sonntag benutzt hat. Man darf sie nicht entmutigen: Wenn tatsächlich alles schon geschrieben stünde, könnte man nichts mehr tun.«
»Ja, da hast du recht.«

Wir redeten nicht viel, denn uns war nicht danach zumute. Stattdessen fühlten wir den Wind auf unserem Gesicht und beobachteten die Landschaft im Wechsel der Jahreszeiten; wir verbannten die Gedanken aus unserem Kopf. Jetzt, da wir im Vertrauen miteinander reden, Gott, heiliger Vater, kann ich Dir gestehen, dass ich in diesen glücklichen Tagen manchmal sogar dachte, ob nicht wir beide, Anne und ich, den Wind dazu brachten, die Wipfel der Bäume zu bewegen, ob es nicht uns oblag, Dir zu befehlen, wie viel Regen fallen und wann es kühler werden sollte. Was für ein alberner Gedanke, findest Du nicht auch, o Herr?

15. PASEO DE LA CASTELLANA 11 (JETZT)

Es gibt sonnige Tage wie diesen, da können mich nur die toten Mädchen trösten.

An besonders schönen Tagen, wenn der Himmel strahlend blau ist, wenn die Blumen von Madrid rosa und rot blühen und die gewaltigen Bäume mit ihren schwarzen Ästen auf dem Paseo del Prado für angenehme Kühle sorgen, muss ich umso schneller nach Hause laufen, um Zuflucht in ihren Geschichten zu finden.

Ich sehe mir keine Bilder von ihren Leichen an, so eine bin ich nicht. Totes Fleisch interessiert mich nicht. Ich mag nur die Fotos, auf denen sie gesund und munter und noch am Leben sind, will ihre wässerigen Augen sehen, die lange, verwuschelte Mähne, blond mit einem Grünstich, wie von einer Seejungfrau.

Es sind meine toten Seejungfrauen.

Die erste ist Anastasia, eine Russin mit einem aristokratischen Namen, Katzenaugen und einer spitzen Nase. Sie ist in Kiew von einem Hochhaus gesprungen, nachdem sie in den Monaten zuvor stark abgemagert war. Nach allem, was ich in der Presse gelesen habe, hatte sie sich kurz davor von einem braungebrannten, hochgewachsenen Unternehmer getrennt. Es heißt, dass es Leute gab, die ihr zuriefen, nicht feige zu sein. Auf den Fotos mit ihm sehen die beiden glücklich aus, es sind die einzigen Fotos, auf denen sie lächelt. Models lächeln selten.

Ich betrachte die schrägstehenden Augen von Daul. Ihr schwarzes, glattes Haar, ihre hohen Wangenknochen. Auf einigen Fotos ist ihr Mund leicht geöffnet, aber auf den meisten beschränkt sie sich darauf, verstohlen und todernst in die Kamera zu blicken. Ich finde ein Video, in dem sie ungeschminkt ihre Kolleginnen mit ihrem Handy filmt. Vom Bildschirm ihres Handys gelangt die Daul von vor zwei Jahren auf meinen Computer, wie sie, halb im Spaß, ein Model mit dem Gesicht und dem Körper eines Kindes interviewt – es ist tatsächlich ein Kind –, das ihr verrät, was seine größte Angst ist: dass ihr auf dem Laufsteg ein Schuh vom Fuß rutschen und sie stolpern könnte. In einer Einstellung sieht man Daul mit schwarz lackierten Fingernägeln, das Haar zu einem Pferdeschwanz zusammengebunden, die Haut rein. Jemand filmt sie, wie sie in einem Fotoband blättert und begeistert von ihrer Liebe zu Tolstoi erzählt. Lachend berichtet sie, wie die Amerikaner jedes Mal, wenn sie Tolstoi erwähnt, denken, sie würde von der *Toy Story* reden. Dann kommt ein Schnitt, und man sieht Daul in einer Hotelsuite, wie sie in einem Kleid mit rosa Fransen auf lustige Weise zu Industrial Techno tanzt. Das Kleid ist von Anna Sui, schreit Daul, ihre Arme sind sehr dünn, sie sehen aus wie Zweige, die sich im Takt eines Synthesizers wiegen. Dauls Haut ist leicht gebräunt, ihre Augen sind sehr schwarz. Kurz nach der Aufnahme dieses Videos hat Daul sich die Haare blond gefärbt und sich in ihrer Wohnung in Paris erhängt.

Ruslana ist die Bekannteste von allen. Über sie finden sich die meisten Informationen, die meisten Fotos, das meiste von allem. Sie hatte langes, seidiges Haar, es war ihr Markenzeichen in der Agentur, die sie vertrat, und ihre Augen waren genau so türkisgrün wie die ihrer Freundin Anastasia. Ihre Lippen waren voll wie die einer Märchenprinzessin. Tatsächlich war ihr Spitzname Rapunzel. Sie war ein kasachisches Model, das mit gerade mal fünfzehn in ihrer Heimatstadt Almaty entdeckt wurde. Auf dem berühmtesten Foto hat Ruslana sehr langes, welliges Haar, nackte Schultern und trägt ein windelfarbenes Tüllkleid. Sie stößt die Tür eines funkelnden Schlosses auf, und ihre Augen sind weit aufgerissen, als hätte sie eine Erscheinung gesehen. Wieder und wieder sehe ich mir im Internet die Werbung an, in der Ruslana auf einen Berg aus Äpfeln zuläuft und ihn mühelos erklimmt, die riesengroßen Augen auf irgendetwas gerichtet, was der Zuschauer nicht zu sehen bekommt, etwas, was ihm verborgen bleibt. Auf der Spitze der krummen Apfelpyramide angekommen, starrt sie immer noch wie in Ekstase auf einen Punkt in der Ferne. Schließlich erblickt man, was sie sieht: eine Parfümflasche in Form eines Apfels, den sie vorsichtig pflückt, während sie auf der Pyramide balanciert, ohne herunterzufallen. An einem Juniabend im Jahr 2008 sprang Ruslana aus ihrem Fenster im neunten Stock in der Water Street im New Yorker Financial District. Ihre Wohnung lag zwei Blocks vom Fluss entfernt. Von ihr aus konnte man das andere Ufer sehen und die Vegetation und die niedrigen Zementhäuser von Brooklyn erahnen.

Aber es ist Lucy, die ich mir am liebsten ansehe. Ihr Gesicht ist vollkommen. Es sieht aus wie aus Stein gemeißelt, als hätte man Marmor so lange bearbeitet, geschliffen und poliert, bis ein Gesicht mit geraden Linien und Kurven entstand, die wie mit dem Zirkel geschlagen sind, dreidimensionale Hügel aus Samt und Alabaster. Ihre Haut ist durchscheinend und rosig, Farbton 32 von Max Factor. Sie hat eine gerade Nase und langgezogene, geschwungene Augen mit leicht hängenden Lidern wie eine Computerzeichnung, ihr Ausdruck wirkt schläfrig, aber auch verführerisch oder sorglos und sexy. Ihre ganze Erscheinung verkörpert das Idealbild einer Frau: dichte Wimpern, glattes, rotes Haar, schmale Brauen, gebogen wie Fragezeichen, ein stets halboffener Mund, der die kleinen und wenig bedrohlichen Schneidezähne erkennen lässt. Lucy ist das, was die Briten »an English rose« nennen.

Es gibt viele Bilder von Lucy. Lucy, wie sie schläft. Lucy, wie sie singt, Lucy bei den Premieren der drei Filme, in denen sie mitgespielt hat, Lucys glänzende Karriere, das große Versprechen eines Körpers, der ganz bestimmt nach süßer Sahne duftete, eines makellosen, unverdorbenen Körpers, dem großen Publikum noch unbekannt.

Eines Abends hatte Lucy Streit mit ihrem Freund und erhängte sich, während er schlief, im Zimmer nebenan. Es war zwischen vier und fünf Uhr morgens, zur Stunde des Wolfs, der Stunde der Ängste, der Stunde der Schlaflosigkeit.

Es ist die Stunde, in der ich Informationen über sie alle suche, bis es Tag wird, weil ich einfach nicht einschlafen kann. Selbst wenn ich mich ins Bett lege, werden mir die Augen trocken, die Angst schnürt mir die Kehle zu, und meine Beine strampeln, als hätten sie ein Eigenleben, wie bei einem kindlichen Tobsuchtsanfall. Ich kann nicht einschlafen, aber ganz wach bin ich auch nicht. Und in diesem lethargischen Zustand reden die Seejungfrauen manchmal mit mir, erzählen mir, was aus ihnen geworden ist und warum sie es getan haben. Sie flüstern mir Wahrheiten ins Ohr, Ängste, die real geworden sind, und sofortige endgültige Lösungen. Ihre eingebildeten Stimmen verzerren sich, werden zu Litaneien. Ihre Gesichter gleichen dem von Ophelia, verschwommen im Wasser des schwarzen Sees, bedeckt von Mandelblüten, Rittersporn, Seerosen. Ihre zerfransten Kleider sind gräulich wie ihre Pupillen. Sie sind meine Wiedergänger, meine Erscheinungen. Als wären sie Gestecke aus Anemonen, aus kostbaren Edelsteinen, horte ich sie Tag für Tag wie einen Schatz. Ihre Stille füllt sich mit Worten, und ich suche weiter nach ihrem Fleisch aus Pixeln, in dem sie für alle Zeiten lebendig sind, ewig schön nur für mich.

XV. DEBORAH UND MR. COTTON

Als wir an einem dunklen Winternachmittag nach einer von Annes besten Predigten das Schulgebäude verließen, wartete draußen ihr Ehemann in Begleitung eines schlanken, hochgewachsenen Mannes, der eine Laterne trug. Anne lächelte die beiden an, drehte sich zu mir und sagte: »Ich habe sie gebeten, auf uns zu warten, so können wir dich nach Hause begleiten und uns unterwegs unterhalten.«

Ich ließ mir meine Überraschung nicht anmerken, und so gingen wir zu viert zu mir, ohne ein Wort zu sagen, genau wie wir es taten, wenn wir zu zweit waren. Ich konnte die Züge des Fremden, der uns begleitete, erst erkennen, als wir in meinem Wohnzimmer saßen und ich im Kamin ein Feuer entfacht hatte. Er hatte ein feingeschnittenes, bleiches Gesicht und schwarzes Haar. Obwohl er etwa in meinem Alter sein musste, waren seine Augen jung und schwarz wie sein Haar. Man hätte dieses Gesicht mit seinen ebenmäßigen Zügen, die Klugheit und Freundlichkeit verrieten, zeichnen mögen. Ich setzte Wasser auf und servierte Tee, und er dankte mir überschwänglich. Nach all den Jahren in der Massachusetts Bay war ein freundlicher Mann immer noch eine Überraschung. Andererseits hatte ich schon bemerkt, dass die Männer in letzter Zeit höflicher zu mir waren. Seit Anne in der Schule predigte und ich ihre Unterstützerin war, waren wir fast so etwas wie Berühmtheiten, ein bedeutendes Gespann. Etwas war geschehen, die Luft schien leichter, unsere Schritte waren sicherer, alles schien uns gewogen. Achtbarkeit ist ein höchst komfortabler Umhang: zunächst unsichtbar, aber hat man sie einmal erlangt, möchte man ohne ihre Wärme und ihren Schutz nicht mehr leben.

Und so traten die freundlichen Männer in mein Leben, eine große Neuheit. Herren jeglichen Alters, die mich mit einem Lächeln grüßten, wenn wir uns im Dorf begegneten, die mich zu diesem und jenem nach meiner Meinung fragten, einfach nur um des Vergnügens willen, mit mir zu reden, damit sie hinterher erzählen konnten, dass ich, Deborah Moody, eine fromme, ehrbare Frau, ihnen meine Einschätzung gegeben hatte.

Und nun stand so ein freundlicher, beflissener Mann vor mir, wenn er auch anfangs etwas wortkarg war. Er hieß John Cotton. Der Name kam mir bekannt vor, da wir trotz unserer Tätigkeiten durchaus im Bilde waren, welche Bündnisse in der Bay geschmiedet wurden. Auch wenn wir in den Randbezirken lebten, war Boston nicht weit, und Cotton war bereits ein wichtiger Mann. Zu dieser Zeit gab er sich noch als eine Art reformerischer Rebell, so zumindest hatten wir es hier im Dorf gehört. Anne hatte ihn nie erwähnt, und ich hatte nicht gewusst, dass sie sich kannten. Aber als sie jetzt, flankiert von den beiden Männern, an meinem Tisch vor mir thronte, erzählte sie mir, dass sie schon in England im Austausch miteinander gestanden hatten. Auf ihrer Hochzeitsreise hatten Anne und ihr Mann eine von Cottons Predigten gehört und waren so beeindruckt gewesen, dass sie von da an ab und zu seine Kirche besuchten, die anderthalb Tagesreisen entfernt lag. Ganz gleich, wie widrig auch das Wetter sein mochte, die Hutchinsons waren sonntags da, um ihn predigen zu hören. Du musst ihn dir anhören, Deborah, er weiß genau, was uns vorschwebt, und er kann uns helfen. Er glaubt an dasselbe wie wir. Niemand ist klüger und brillanter als John, ich musste euch unbedingt miteinander bekannt machen.

Cotton tätschelte leicht ihre Hand, als beschämte ihn ihr Lob und als wolle er ihr Einhalt gebieten. Anne deutete die Geste richtig und verstummte. Anne, durch eine einfache Handbewegung zum Schweigen gebracht. Mich überlief ein Schauer.

Schließlich setzte Cotton an: »Was unsere geschätzte Mrs. Hutchinson mit diesen heillos überzogenen Lobeshymnen sagen will, ist, dass nun der richtige Zeitpunkt gekommen ist, unsere Stimme zu erheben. Ich habe die ganzen letzten Jahre in Boston gepredigt, wenn auch eher im Verborgenen. Die Gouverneure der Bay Colony sind nicht sonderlich angetan von unserer gemeinsamen Überzeugung, dass der Glaube der wahre Maßstab zur Errettung der Seele ist. Deshalb stand ich mit Anne seit unserer Ankunft in der Neuen Welt in brieflichem Kontakt. Die Frauen, also Ihr, seid am besten dazu geeignet, unsere wahren Überzeugungen zur Gottesliebe zu vermitteln. Anne meinte, ich müsse Euch kennenlernen. Sie sagte, Eure Vorstellungen ähnelten den unseren und Ihr verstündet die Beziehung zu Gott genauso wie wir, nämlich als eine natürliche. Damit will ich sagen, dass der Glaube sich aus den gleichen Bestandteilen zusammensetzt wie das natürliche Leben, nämlich aus Bewegung, Nahrungsaufnahme, Wachstum, Vermehrung und der Aussonderung all dessen, was schädlich ist.«

Anne und ihr Mann sahen ihn an und nickten dabei, wie man in der Kirche nickt, wie die Frauen in unseren Versammlungen nickten, wenn sie hingerissen Annes Worte in sich aufsogen.

»Ich verstehe das so, Mr. Cotton, dass Ihr gekommen seid, um uns zu beglückwünschen. Das ist nicht nötig. Es freut mich ungemein, dass Ihr unsere Glaubensvorstellungen teilt, bitte fühlt Euch jederzeit in dieser Stadt und in meinem Haus willkommen.«

Wir alle lächelten, und Anne und Cotton tauschten einen raschen Blick.

»Darum geht es nicht, Deborah«, sagte Anne, und ihre Augen glänzten im Licht des Kaminfeuers. »Es ist an der Zeit, einen Schritt weiter zu gehen. John ist in Boston als Prediger nicht willkommen, wir dachten, dass er hier freundlicher aufgenommen würde.«

Nein, nein, nein, Anne, nein. Wir sind doch Veteraninnen, Anne, nein.

»Das verstehe ich nicht. Glaubt Ihr, dass Reverend Peter Euch seinen Posten räumen würde? Ich schätze Eure Zuversicht, aber sie erscheint mir ein wenig übertrieben. Peter würde seinen Platz niemals dem Erstbesten überlassen, und schon gar nicht, wenn derjenige in der Bay Colony für Probleme gesorgt hat. Anne schätzt Euch sehr, Mr. Cotton, aber offen gesagt, wüsste ich nicht, wie ich Euch helfen könnte.«

Nein.

Mr. Cotton nickte, scheinbar gelassen, aber er wirkte plötzlich wachsam. Anne und er sahen einander an, standen gleichzeitig auf und gingen zur Tür. Annes Mann blieb sitzen, als wäre er ein Möbelstück, woraus ich schloss, dass das Gespräch noch nicht beendet war. Ich sah ihn an, ein armer Tropf, der einmal ein aufrechter Mann gewesen war und jetzt mit zusammengesunkenen Schultern vor mir saß. Ich fragte mich, welcher Natur ihre Beziehung sein mochte. Liebten sie einander noch immer? Vielleicht war das nicht unmöglich, auch wenn es mir nicht gelungen war. Vielleicht hatten sie jene Verbundenheit erlangt, die mir versagt geblieben war, auch wenn Anne nie über ihren Mann sprach. Aber sie erwarteten ihr vierzehntes Kind, also mussten sie sich nahe sein, auch wenn ich in diesem Augenblick, vielleicht bedingt durch das Flackern des Feuers, zum ersten Mal bemerkte, wie eingefallen Mr. Hutchinsons Wangen waren. Einen Moment lang überlegte ich mir, ob ihm Anne nicht vielleicht das Blut aussaugte, ob sie ihn nicht auf irgendeine Art und Weise auszehrte. Gleich darauf errötete ich vor Scham über diese makabre Vorstellung, aber zum Glück fiel es niemandem auf.

Die Holzscheite knackten, während Anne und Mr. Cotton Worte wechselten, die ich nicht verstand, und einander lange salbungsvoll ansahen. Es war ein so befremdlicher Moment, dass ich den Blick abwenden musste und vor mich hin starrte, bis es endlich vorbei war.

Anne kam auf mich zu und musterte mich herausfordernd.

»Wir glauben, dass der Augenblick für die Männer gekommen ist, sich unserem Kampf anzuschließen und an unseren Versammlungen teilzunehmen«, sagte sie. »Nur so können wir unseren Glauben verbreiten.«

Ich fühlte einen Druck auf meiner Brust, und es brach eine scharlachrote Woge aus Blut und Schlamm über mich herein. Mein Körper sackte ein unter dem Gewicht all dessen, was ich nicht hatte kommen sehen, was ich nicht hatte verstehen wollen, obwohl ich es unmittelbar vor Augen gehabt hatte.

»John ist mein Lehrmeister, Deborah. Es waren seine Worte, die ich Tag für Tag in den Predigten wiederholt habe.«

16. CALLE VERDI (VORHER)

Ich sitze mit einer Freundin in einer Bar in der Calle Verdi, und mir wird bewusst, dass ich Single bin. Ich weiß es, weil mich alles anwidert, was um mich herum passiert. Das ist einer der Nachteile, wenn man Single ist: Man muss einen Haufen widerlicher Dinge tun. Wenn man mit jemandem zusammen ist, muss man das auch, aber wenigstens hat man dann jemanden neben sich, den man dafür hassen kann, dass man sie tun muss.

Wir sitzen in einer Bar mit einem abgründigen Namen, Cadaqués oder Montblanc oder Senyora Pepita, und werden von zwei Ecuadorianerinnen bedient, die uns maximal lustlos Dosenanchovis aus L'Escala und aufgewärmtes *trinxat* aus La Cerdanya servieren. Vor mir sitzt eine achtunddreißigjährige Frau, die Bier trinkt und mir von einem Mann erzählt, und plötzlich wird mir klar, dass ich wieder Single bin, in all seinen Facetten.

Das Problem ist nicht das Singledasein an sich, das ist klar. Wenn es nur das wäre. In dem Nebel, der mich neuerdings umgibt, seit ich die Angstlöser nehme, bekomme ich meine Umgebung kaum mit, aber heute präsentiert sie sich mir unübersehbar in ihrer ganzen Pracht. Da ich nun mal verlassen wurde, kehre ich zu einem vergessenen Ritual zurück: Ich muss einer Frau zuhören, die sich über einen Mann beklagt. Ich sehe, wie ihr schmaler, karmesinrot geschminkter Mund, der aussieht wie ein Schnitt in der Haut, in einem endlosen Klagelied auf- und zuklappt, einem urtümlichen, melodiösen, fortwährenden Klagelaut, wie das Heulen eines Steppenwolfes, und ich denke, dass ich echt am Arsch bin.

Das ist meine Strafe. Ich habe mich so schlecht benommen,

dass ich wie Sisyphos dazu verdammt bin, diese Szene bis in alle Ewigkeit zu wiederholen. Herumstammelnde Freundinnen, die wegen Männern heulen, sind meine lebenslange Strafe. Ich werde eine nach der anderen vorgesetzt bekommen, wie am Fließband, bis ich vor Erschöpfung zusammenbreche. Und am nächsten Tag ist es das Gleiche, und so geht es weiter und weiter. Ich erkenne durchaus die Ironie, die darin liegt, dass ich bis oben hin mit Tranquilizern vollgestopft bin, weil ich in der gleichen Situation bin wie sie. Aber wenigstens will ich niemanden sehen. Ich rede nicht. Und das ist keine Kleinigkeit: Niemand will, dass ich etwas sage, das habe ich schon bemerkt. Meinen Gesprächspartnerinnen ist es egal. Ich könnte genauso gut aus Pappkarton sein. Es wird einem klar, wie wenig man die anderen interessiert, wenn man es schafft, in beinahe vegetativem Zustand in Gesellschaft zu sein, ohne dass es jemandem auffällt. Genau das denke ich jetzt, in diesem endlosen Augenblick, an diesem todlangweiligen Abend in der Bar in der Calle Verdi, dieser grauen Vene, die sich von Gràcia bis zum Anfang von Vallcarca durch den Unterarm von Barcelona zieht, diesem von Musik erfüllten Fluss, halb Fußgängerzone, wo die Freiberufler in ihren Dreißigern samstagabends feiern und ansonsten ihre Kinder ausführen, die Max, Leo, Jan, Lola oder Candela heißen. Käme ich jetzt auf die Idee, aus dieser Bar rauszugehen und mitten auf der Plaza Revolució zu rufen »Max! Lola! Abendessen ist fertig!«, würden zwanzig der Spielplatzkinder sofort von den roten, blauen und gelben Schaukeln und Rutschen aufspringen und brav aufgereiht zu mir laufen.

Während ich an die Kinder denke, bewundere ich, wie sich der Schnitt bewegt, der der Mund meiner Freundin ist, und nicke. Es genügt, dass ich nicke. Als ich noch mit dir zusammen war, musste ich mich nicht in die Gesellschaft anderer Leute begeben, wenn ich keine Lust dazu hatte, und nicht durch die

Calle Verdi ziehen. Ich glaube, wenn du zu mir zurückkehren würdest, würde ich vielleicht überhaupt nie mehr durch die Calle Verdi gehen und auch keine Dinge tun, die ich hasse. Aber du kommst nicht zurück. Zu spät. Jemand, der nichts kapiert, könnte einwenden, dass ich diese Dinge ja einfach nicht zu tun brauche, aber das stimmt nicht. Als Single ist man zu einer ganzen Reihe unverzichtbarer Rituale verpflichtet, man muss bestimmte gesellschaftliche Kontakte pflegen, sonst endet man damit, dass man mit seiner Schreibtischlampe, einer Pflanze oder einem anderen Idioten redet. Wenigstens am Wochenende muss man in mancherlei Hinsicht nachgeben, um wie ein normaler Mensch zu wirken. Und deshalb findet man sich damit ab, eine Reihe unerträglicher Dinge zu tun. Äthiopische Küche ausprobieren. Konzerte mit experimenteller Musik besuchen. Mit Freundinnen ausgehen.

Ach ja, die Freundinnen. Denn um die geht es hier. Es geht darum, zu der tiefen, engen Verbundenheit mit jemandem zurückzufinden, mit der du irgendwann mal irgendwas zu tun hattest, mit der du in einem Club Pillen eingeworfen hast, jemand, die vielleicht deine Eltern kannte. Und genau deshalb sitze ich jetzt hier, an einem drückend schwülen Julitag in einer dieser scheußlichen Bars der Calle Verdi. Ja, hier geht es um Freundinnen wie die, die vor mir sitzt. Diese Freundin, deren Eltern den Gürtel enger schnallen mussten, damit ihr jüngstes Kind, die einzige Tochter, als Erste in der Familie einen Hochschulabschluss machen konnte. Und natürlich frei entscheiden durfte, was sie studiert, ohne Rücksicht darauf, dass ihre Eltern jahrelang ihre alten Kleider aufgetragen, Kredite aufgenommen und aufgewärmten Kaffee getrunken haben, sodass sie sich nicht etwa für Medizin oder Ingenieurwissenschaften entschieden hat, nein, das Mädchen soll studieren, wozu es Lust hat, hat Papa gesagt, und so hat sie sich für Geisteswissenschaften entschieden und macht jetzt Karriere als Director für plattformunabhängige neue digitale Inhalte bei einem internationalen Konzern. Glücklich ist sie nicht. Das ist ihre Strafe. All die Opfer, all die Liebe haben dazu geführt, dass sie sich für eine Art Genie hält, dem alles zusteht, und nun ist sie ungeheuer gekränkt, dass sie nicht alles bekommen hat. Ich sehe den Neid, der sie erfüllt, ich kann ihn riechen. Sie steht kurz davor, ihn an jedem auszulassen, der sich ihr nähert. Sprich, an mir.

Ich weiß, dass diese Freundin von früher mich hasst. Ein paar Anzeichen, die hier nichts zur Sache tun, beweisen es mir. Entscheidend ist, dass sie sich jetzt, wo ich in schlechter Verfassung bin, mit mir verabreden wollte, und man merkt ihr an, wie sehr es sie freut, dass es mir richtig dreckig geht. Diese frisch wiedergefundene Freundin, die gerade auf mich einredet, erzählt mir Geschichten aus New York und London, sagt mir, wie viel sie für das verdient, was sie macht, irgendwas Kostspieliges und Sinnloses, etwas, was ich nicht machen könnte und von dem ich nicht mal weiß, was es ist. Sie erwähnt mehrmals ihr sechsstelliges Gehalt, weil sie denkt, dass ich keinen Cent habe. Womit sie recht hat. Diese Freundin, die mir haushoch überlegen ist, spricht drei Fremdsprachen fließend und hat mir natürlich etwas zu erzählen: ihr hochkompliziertes Liebesleben voller Martinis, geplatzter Verabredungen, mitternächtlicher Taxifahrten, Anrufe aus Helsinki und Sex im Hotel. Sie erzählt mir von Aktionen, die mir völlig fremd sind und so exotisch vorkommen wie ein bengalischer Tiger in dieser Bar. Diese Freundin, der ich völlig egal bin, verlangt von mir nur die Antwort auf eine Frage, die einzige, die entscheidende: Wird er seine Frau verlassen? Und meine einzige Pflicht ist natürlich, ihr zu versichern, dass der fünfte verheiratete Mann, den sie in den letzten zwei Jahren kennengelernt hat, seine Frau garantiert verlassen wird. Deshalb bin ich hier. Ich bin eine stinkende Ratte. Ich bin menschlicher Abfall. Und deshalb sitze ich in der Calle Verdi einer achtunddreißigjährigen Frau mit sorgfältig gepflegter und behandelter Haut gegenüber, der ich scheißegal bin: um ihr zu sagen, klar, natürlich wird er sich trennen.

Meine Freundin bestellt noch ein Bier, und mit einem Mal stimmt irgendetwas an ihrer malvenfarbenen Satinbluse mich unendlich traurig. Sie redet und redet über ihre letzte Begegnung in Ljubljana oder Istanbul, während ich allmählich erkenne, was sich hinter ihren blutrot lackierten Fingernägeln, den Vitaminspritzen und den immer schlafferen Lidern verbirgt. Ich bitte sie, mir ein Foto von Frank, Gary oder John zu zeigen, und bekomme einen äußerst attraktiven, erfolgreichen Mann zu sehen, graumeliert, dunkeläugig, schlank und gut gekleidet, der sich niemals von seiner Frau trennen wird, einer, der so aussieht wie ein sicheres Ticket für ein geruhsames Leben, der ausländische Zeitschriften abonniert und gern chilenischen Wein trinkt. Aus ihrem erwartungsvollen Schweigen schließe ich, dass sie auf eine Antwort wartet, etwas mehr als den Ausdruck auf meinem Gesicht, das sich aufgrund der Pillen so schwer wie ein Sack Kartoffeln anfühlt, als würde es gleich auf den Teller mit *trinxat* fallen, und ich nicke zur Bestätigung für etwas, was ich nicht gehört habe, und sage ja, klar doch. Ihre enttäuschte Miene zeigt mir, dass das die falsche Antwort war, ich habe mich geirrt. Ich betrachte die Schweißrinne, die sich unter ihrer sauteuren Bluse bildet, und sie sagt: »Mit diesem Foto will er mir etwas sagen, verstehst du, ich weiß, dass er es extra für mich gepostet hat und mir damit sagen will, dass er mich vermisst, weil man in der Ecke eine Platte von Gino Paoli sieht.« Ich betrachte das Foto genauer, um zu erkennen, was sie meint, es ist ein Screenshot, den sie von seinem Twitter-Account gemacht hat, und als ich es vergrößere, entdecke ich ein fingernagelgroßes Rechteck.

»Wir beide lieben Gino Paoli, er hat mir die Platte in unserer ersten Nacht vorgespielt.« Sie redet ununterbrochen weiter. »Ich weiß, dass er mir über die sozialen Netzwerke versteckte Botschaften schickt«, und nichts davon überrascht mich, ich nicke bloß und sage ja, klar, und fixiere ihre schmalen und zugleich prallen, karmesinroten Lippen und lasse sie reden und nicke im richtigen Moment, während ich denke, wenn wir das Bier ausgetrunken haben und ich meine Freundin überreden kann, einen Umweg über die Calle Vallfogona zu machen, muss ich vielleicht wirklich nie wieder die Calle Verdi betreten, aber sie sagt: »Habe ich dir eigentlich schon erzählt, was in Neukölln passiert ist, als wir uns das letzte Mal gesehen haben?« Und als ich sehe, wie ihre Augen glänzen, fällt mir wieder ein, wie einmal einer ihrer Freunde von ihr eine Vollrasur verlangt hat, und ich erinnere mich auch wieder daran, wie sie ihrer Putzfrau (»das Mädchen« nannte sie sie, eine Ukrainerin Anfang fünfzig) immer die Kekspackungen schenkte, die sie nicht mehr wollte, angebrochene Packungen von Chiquilín oder Vollkornplätzchen, halbleere Tüten mit Billigmüsli, die schon seit Monaten in ihrer Speisekammer herumstanden, nimm sie, du kannst sie haben, sagte sie mit einem geheuchelt freundlichen Lächeln, nimm sie, du kannst sie haben, und im Pilateskurs trug sie graue T-Shirts mit der Aufschrift FEMINISM, und sie wählt links und ist Mitglied bei einer Kooperative und glaubt, dass sie mir überlegen ist, weil sie Freundinnen hat, und in diesem Augenblick erlebe ich zum ersten Mal, wie ich in die Luft aufsteige und uns beide von außen betrachte, zwei Frauen zwischen dreißig und vierzig in einer Bar an einem heißen Samstagabend im Sommer, jede mit einem Bier in der Hand und umgeben von jungen Leuten, die dabei sind, sich irgendwo zu amüsieren, und ich schwebe noch ein Stückchen höher, nur ein kleines Stück, bis ich die ganze Bar überblicke, das Viertel, das vor Leben wuselt wie ein Haufen roter Ameisen, die Essen und Reisen organisieren, aufregendere Leben als dieses hier, es gibt etwas anderes als das hier, und das ist der Moment, der

Moment, als sie »Taipeh« sagt, in dem ich weiß, dass wir alle sterben werden, und zwar bald, dass keiner von uns lebend hier rauskommt.

XVI. DEBORAH UND DIE LIEBE

Es ist mir unangenehm, Vater, dass Du mich hochziehst. Ich weiß nicht, warum Du mich wieder aus der Erde hervorholst, nachdem Du selbst mich dort begraben hast. In Sand und Salz eingelegt, einem ungewissen Schicksal überlassen. Und ich weiß nicht, warum Du mich jetzt zwingst, welche Macht meinen reglosen, aber lebendigen Körper Zentimeter um Zentimeter nach oben ans Licht zwingt. Möchtest Du etwa von Angesicht zu Angesicht mit mir sprechen? Soll ich vor Deinem Thron Platz nehmen oder mich auf Deine Knie setzen? Ich verstehe nicht, o Herr, welchen Sinn dieses Selbstgespräch hat, das ich führe. Dies wäre doch der geeignete Moment, mir zu erscheinen, findest Du nicht?

Ich weiß, dass Du es versuchst, wenn Du auch nicht direkt Dein Wort an mich richtest. Du ziehst mich nach oben, damit ich rede, es ist Deine Art, mir zu erkennen zu geben, dass ich weiterreden soll. Habe ich nicht schon genug gesagt? War das nicht mehr, als ich jemals jemandem erzählt habe? Und vor allem: warum ausgerechnet jetzt, in diesem Augenblick?

Natürlich: Du zwingst mich dazu, das Geschehene wieder und wieder zu durchleben, das habe ich schon verstanden. Aber ich will nicht nach oben. Ich habe mich daran gewöhnt, hier unter der Erde zu sein. Ich habe mich schon lange daran gewöhnt, tot zu sein.

Aber meine Anne, meine geliebte Anne. Was hätte auch sonst geschehen sollen, nachdem Cotton aufgetaucht war? Ich stand in meinem Garten, von dem aus man die Bucht und den Hafen überblicken konnte, und beobachtete euch, zwei emsige kleine Ameisen, dicht an dicht, leise tuschelnd, nicht stolzen

Schrittes, wie wir beide gegen den Wind durchs Dorf gegangen waren, sondern gebeugt wie zwei Greise, die ein Geheimnis teilen. Oder eher noch wie ein einziger Greis, denn was wart ihr, ein einziger Mensch mit zwei Köpfen, eine zweiköpfige Hydra, die sich unerbittlich in alle Richtungen ausbreitete wie ein Feuer, das verdorrte Getreidefelder verschlingt. Natürlich spricht da mein Groll aus mir. Aber seit wann ist Groll eine Lüge? Erzähle ich hier nicht meine Version der Geschichte? Doch, das tue ich, und in meiner Version seid ihr ein Ungeheuer, das durch die Straßen kroch und alles zerstörte, was wir aufgebaut hatten. Die Männer planten die Kolonie und teilten die Erde unter sich auf, aber uns sollte die Zukunft gehören. Die ganze Zukunft!

Niemandem in der Kolonie schien die Veränderung aufzufallen, jedenfalls anfangs nicht. Obwohl ich nahe genug bei euch blieb, um zu bemerken, dass das, was ihr im Sinn hattet, sich unter den Einwohnern Salems verbreitete und nach und nach Früchte trug. Was sage ich: unter den Einwohnern Salems! Die gesamte Massachusetts Bay kannte eure Geschichte. Die fromme Frau, die die Gläubigen begeisterte, die aus dem Wort Gottes, o Herr, den süßesten Honig gewann, die allen den Glauben an die Erlösung schenkte. Unsere Neue Welt brauchte eine Illusion, und du gabst sie ihr. Die Häuser, in die du gingst, um zu predigen, waren immer bevölkert, und die Zahl deiner Jünger, deine Aufgaben und deine Liebe wurden immer größer.

Ach ja, die Liebe. Sogar heute noch denke ich an die Liebe. Mit dieser Liebe konnte ich nicht konkurrieren, keine von uns konnte es, das war nicht zu übersehen. Ich konnte dir nicht zuvorkommen, Anne, du warst mir schon entglitten. Wie hätte ich in den Geist einer Hydra vordringen können, deren beide Köpfe wie ein einziger und zugleich völlig unvorhersehbar dachten und handelten? Wie konnte ich dir begreiflich machen, Anne, dass das, was Mr. Cotton plante, ein Risiko barg, das keine von uns einzugehen gewillt war außer dir, ja, außer dir, denn für dich galt die Devise, dass die Liebe alles besiegt, dieser stinkende Unrat, den sie uns eingetrichtert hatten, dass die Liebe uns rein und unbesiegbar macht, du, eine intelligente Frau, glaubtest das blind, so wie wir alle dir glaubten, das war die Falle, in die du getappt warst, und als ich das erkannte, schlug ich mir vor Wut die Fingerknöchel an den Wänden unserer Häuser blutig, ich konnte nicht fassen, dass du auf so etwas hereingefallen warst. Die Liebe. Ich hatte mit meinem Sohn Ozeane überquert, um dem Tod zu entrinnen, doch du warst einfach einem Mann gefolgt und hattest deinen Gatten und sogar dich selbst überzeugt, das geschähe aus reiner Gottesliebe. Was für eine Schande, Anne.

Cottons Ankunft bedeutete das Ende unserer Pläne für die Frauen des neuen Kanaan. Wir würden nicht mehr auf die Suche nach unserem eigenen Land gehen, weit weg von all jenen, die versuchten, unsere Wirklichkeit nach ihren Vorstellungen zu formen. Mein Geld reichte nicht aus für unser gemeinsames Vorhaben. Keine unserer Bemühungen würde mehr Früchte tragen, wir würden nicht mehr zusammen alt werden, nicht mehr unsere eigene Kolonie gründen. Ich hatte schon erste Kontakte nach New Netherland geknüpft, und uns hatte vorgeschwebt, uns ein paar Meilen südlich dieser hoffnungslos trägen Bucht niederzulassen, die uns nichts zu bieten hatte. Doch dann kam Cotton, bot dir billigen Tand wie den, den wir den Indianern verkauften, und du glaubtest ihm, weil die Liebe alle Hindernisse überwindet und das Wort heilig ist und ein Vertrag ein Vertrag ist und all dieses unsinnige Geschwätz. Es erinnerte mich an meine lange zurückliegende Jugend, als ich noch zuließ, dass mein Körper vor Verlangen verging, und ich einen Durst verspürte wie später niemals mehr.

Hast du ihn auch verspürt, Anne? War es Cotton, der in jenen Winternächten das Leuchten in deine Augen zurückbrachte, deine Brust entflammte und dich mit neuer Lebensfreude erfüllte? Antworte mir gefälligst, auch wenn du tot bist wie ich. Was war es? Waren es seine freundlichen Augen? Seine ruhige, tiefe Stimme? Seine Wahrhaftigkeit? Was brachte dich dazu, alles aufzugeben und auf den immerwährenden Frieden der Liebe zu vertrauen, einen Frieden, den niemand jemals erlangt hat? Jedenfalls war es nicht dein Mann, der dich zu dem trieb, was später geschah. Es muss Cotton gewesen sein, mit seinem dunklen Haar und der Stimme eines liebenden Vaters. Nach all den Jahren, in denen du dich wie eine Waise gefühlt hattest, hattest du endlich einen Vater wiedergefunden und stelltest dich nun mit vor Begeisterung geröteten Wangen an die Spitze eines Aufstands, der nie der unsere gewesen war. Ich vermute – denn vorstellen kann ich es mir nicht mehr, nur vermuten –, dass die Kraft einer solchen Liebe einem das Gefühl gibt, allmächtig zu sein. Wahrscheinlich genügte dir allein die Möglichkeit einer solchen Liebe. Aber du hast uns im Stich gelassen, Anne, so wie unsere bigotte Gemeinschaft Regina im Stich ließ, die ganz allein mitten im Wald ihr Kind gebären musste, du hast uns die Erlösung durch dich geraubt, dein Wort und unsere Zukunft.

Ich verfluche dich, Anne Hutchinson, Jahrhunderte nach deinem Tod verfluche ich dich für das, was du uns angetan hast. Ich habe dir nicht verziehen und werde es niemals tun.

Ist es das, was Du wolltest, Vater? Da hast Du es. Zwing mich nicht, mich weiter zu erinnern, mach, dass ich mich nicht mehr erinnere.

17. PASEO DE L'EXPOSICIÓ (VORHER)

Ich hoffe, sie lädt mich ein. Das ist mein erster Gedanke, als ich mich die engen, steilen Gassen des Poble Sec hochquäle. Seit ich nur noch im Bett oder auf dem Sofa herumliege, strengt mich alles an. In letzter Zeit sind meine Tage alle gleich und verschmelzen zu einem einzigen. Ich nehme meine Pillen. Trinke einen Schluck Wasser aus dem Hahn. Gehe raus und drehe eine Runde um den Block. Mein Kreislauf ist der einer Fünfundachtzigjährigen, die sich ganz vorsichtig bewegt, fast vorantastet, um bloß nicht zu fallen und sich die Knochen zu brechen. Nichts in meinem Körper bewegt sich. Nichts rührt sich. Die Gesetze der Thermodynamik gelten für ihn nicht. Manchmal klingelt mein Telefon, aber ich gehe nie ran. Meine Mitbewohnerin, die Esade-Studentin und Eigentümerin unserer Wohnung, fängt an, sich über mich zu beschweren. Ihre Eltern, stinkreiche Pariser, die beschlossen haben, in die Ausbildung ihrer Tochter zu investieren – was heute praktisch gleichbedeutend mit dem Kauf einer Wohnung in dieser Stadt ist –, sind sauer, weil ich mit der Miete im Rückstand bin. Die Tochter, eine Zwanzigjährige mit milchweißer Haut und Rehaugen, die abends in der Villa Olímpica Salsa tanzen geht, hatte sich eine andere Mitbewohnerin erhofft, als ich es bin. Ich komme nicht aus dem Bett, mein Zimmer ist eine Müllhalde aus Klamotten und dem wochenalten vergammelten Obst, das ich kaufe, wenn ich mal wieder versuche, mich gesünder zu ernähren. Ich verschwinde für zwei, drei Tage, um zu saufen und mit Fremden zu vögeln, aber ich tue ihr nicht den Gefallen, ihr anschließend davon zu erzählen. Sie hat sich ausufernde Gespräche zwischen flippigen Mädchen vorgestellt, die im Barrio Gótico Mojitos trinken, das war ihre Idee von einer WG in Barcelona, stattdessen verkrieche ich mich in mein Zimmer und komme nur raus, um Wein aus dem Kühlschrank zu holen und dann weiterzupennen. Ich verkörpere nicht die Bewohnerin der aufregenden Künstlerstadt, die sie im Kopf hatte, und das tut mir wirklich leid für sie. Sie hätte Besseres verdient. Spaziergänge durch Barceloneta und eine, die ihr zuhört. Sie hätte es verdient, dass ich ihr hippe Bars in Poble Sec zeige und sie durchgeknallten Frauen vorstelle, mit denen man abhängen kann. Aber ich tue nichts. Gar nichts. »Du wechselst nicht mal deine Bettwäsche, dein Zimmer stinkt«, sagt sie manchmal angewidert, und dann nicke ich geistesabwesend, entschuldige mich und zahle die ausstehende Miete, damit sie meine Nachlässigkeit vergisst. Ich weiß, dass sie recht hat. Und ich weiß auch, dass ich nicht mehr lange dort wohnen kann, mit viel Geduld wird sie mich noch höchstens drei Wochen ertragen, dann schmeißt sie mich raus.

Aber jetzt bin ich endlich am Paseo de l'Exposició angekommen, betrachte zufrieden die kurvenreiche Straße, die vor mir liegt, und stelle fest, wie kühl es geworden ist. Es ist ein windiger, frischer Morgen, viel frischer als gewöhnlich in diesem mörderischen Sommer, aber das ist gut, es macht mich wach. Ich recke mein Gesicht in den Wind, bis mir die Augen tränen und meine Nase läuft. Ich bin ein wenig beunruhigt, ohne richtig zu wissen, weshalb. Um mich abzulenken, sehe ich mich um. Ich erinnere mich, auf einem Stadtplan im Rathaus gesehen zu haben, dass es hier früher Steinbrüche und Baracken gab, eine Gegend, in der wild gebaut wurde, ohne die gewohnte Ordnung. Die Häuser schossen wie Pilze aus dem Boden, vor hundert Jahren stand hier, an der Bergflanke, ein Kraftwerk, und der Name des Viertels, Poble Sec, »Trockenes Dorf«, kommt daher, dass es hier keine Wasserquelle gab. Wo kein Wasser sprudelt, gibt es keine Zivilisation, und in gesetzlosen Gegenden gibt es immer Streit, das weiß ich, und es macht mich nervös. Wo kein Wasser ist, ist auch kein Leben, wo kein Wasser ist, kann nichts gedeihen. Außerdem kann ich zurzeit nur an das braune Wasser denken, das uns alle verschlingen wird, das hoffe ich zumindest. Wie lange wird es noch dauern? Nicht mehr lange, nein, nicht mehr lange, dann ist alles aus und vorbei.

An einer Straßenkurve steigt mir plötzlich der Duft nach *sofrito* in die Nase, er erfüllt die Luft, und mein Magen zieht sich zusammen, vor lauter Hunger kann ich nicht mehr denken.

Ich hoffe wirklich, dass sie mich einlädt.

Ich bin zum Essen mit der Freundin eines Freundes verabredet, die einen Job für mich hat. Vor ein paar Tagen hat sie mir eine Mail geschickt, und daran klammere ich mich, als wäre jetzt schon Weihnachten, als könnte mich das aus meiner Lethargie reißen. Seit du mich aus der Wohnung geworfen hast und ich nicht mehr ins Büro gehe, bin ich natürlich knapp bei Kasse. Ich nehme an, ich könnte meine Eltern anpumpen, aber die sind im Urlaub, weit weg, und außerdem müsste ich ihnen dann erzählen, dass wir uns getrennt haben. Wie bedauerlich, wo meine Mutter dich doch so gerne mochte. Ich vermute, wenn ich mich wirklich bemühen würde, könnte ich zurück zur Stadtverwaltung. Es hat schon viel absurdere Fälle von Leuten gegeben, die nicht mehr bei der Arbeit aufgetaucht sind, und die konnten auch auf die Großherzigkeit unseres Stahlbetonbüros an der Plaza de les Glòries zählen. Ja, ich nehme an, ich könnte dorthin zurück wie ein verirrtes Hündchen, dem man seinen Ungehorsam nachsieht, wenn es zum Fressen zurückkommt, aber seit einiger Zeit betrachte ich alles, was mir passiert, als ein Zeichen für einen bevorstehenden Wandel, das ich unbedingt beachten sollte. Ich muss mein vorheriges Leben abstreifen, ich muss mich erneuern, jetzt habe ich die Chance, eine andere zu werden, sie ist zum Greifen nah. Dazu muss ich unbedingt einen Job finden, und dies hier ist das Glückslos, auf das ich gewartet habe.

Das alles geht mir durch den Kopf, als ich in dem Bistro ankomme, das meine Gesprächspartnerin vorgeschlagen hat, ein adrettes kleines Lokal mit gewachstem Holz und gedimmten Lampen. Die Schauspieler und Schauspielerinnen aus dem nahegelegenen Theater kommen häufig hierher, deshalb hat es lange geöffnet. Ein angesagter Laden, der richtige für ein Einstellungsgespräch für jemanden, die auf eine bessere Zukunft hofft, aber nicht zu viel erwartet, denke ich, auch wenn ich kaum einen Gedanken fassen kann, so sehr knurrt mir der Magen, als ich in der Tür stehe.

Obwohl ich zu früh bin, ist sie schon da. Es ist der einzige Tisch, der besetzt ist. Sie ist klein und dunkelhaarig, mit einem hellen Teint und einem freundlichen Lächeln. Entweder ist sie nervös oder resolut, ich bin mir nicht sicher, aber ich glaube, es ist eine Mischung aus beidem. Sobald sie mich sieht, winkt sie mich hastig zu sich heran, und ich setze mich ihr gegenüber. Wir sind allein, es ist noch früh, und um diese Zeit hört man nur das Geklapper aus der Küche. Teller, die gespült werden, das Klirren von Gläsern. In der Ferne die Stimmen der Angestellten, die Kisten schleppen. Meine Begleiterin hebt lächelnd die Hand, und der Kellner eilt herbei und zählt uns die Tagesgerichte auf. Die Entscheidung ist schnell getroffen. Zum Glück bestellt sie für uns beide und erspart mir so eine weitere Unannehmlichkeit: Couscous mit Lamm und eine Flasche Weißwein. Als ich ihr sage, dass ich nicht trinke, lächelt sie. Es ist ihre erste Reaktion auf etwas, was ich sage. Na ja, eigentlich ist es das erste Mal, dass ich den Mund aufmache. Irgendetwas an ihrem Verhalten lässt bei mir die Alarmglocken schrillen, ich spüre, wie sich in meinem Solarplexus eine unbekannte Unruhe ausbreitet. Etwas, das in früheren Zeiten Intuition gewesen wäre.

»Das hier ist gar kein Einstellungsgespräch, richtig?«
Sie seufzt, dann lächelt sie.
»Nein, ist es nicht. Ich war mir nicht sicher, ob du ohne diesen Vorwand kommen würdest.«
Bei ihren Worten verschließt sich mir sofort der Magen, und als das Essen kommt, stochere ich nur im Couscous herum. Sie dagegen isst und trinkt mit Genuss. Sie hebt das Glas an die Lippen, und ich sehe zu, wie die gelbe, beinahe durchsichtige Flüssigkeit mit einem Schluck verschwindet. Es muss ein guter, aromatischer Wein sein, und sofort läuft mir gegen meinen Willen das Wasser im Mund zusammen. Dann gelangt plötzlich Sauerstoff in mein Hirn, und ich ahne etwas, etwas, was mit dem Ort zu tun hat, an dem wir uns befinden. Heute ist ein ganz normaler Arbeitstag, nicht wahr? Was für ein Tag ist heute?

»Ich habe mich hier mit dir verabredet, weil ich dich immer gut leiden konnte, ich halte dich für intelligent und fähig. Wenn du gewollt hättest, hättest du eine gute Position innerhalb der Organisation haben können. Aber wir alle wissen, dass die Dinge manchmal ... kompliziert sein können.«

Es ist ein Montag im August, verdammt noch mal. Heute gibt es keine Theateraufführung. Deshalb ist das Restaurant leer.

»Alles entwickelt sich sehr schnell, ich nehme an, das weißt du, du liest doch Zeitung, oder? Also, auf jeden Fall werde ich Sekretärin der Organisation und ... er ...«, sie traut sich nicht, seinen Namen auszusprechen, ich glaube, sie hat Angst, dass ich dann aufstehe und gehe. Dabei ist doch Montag. Vielleicht fürchtet sie, ich könnte eine Szene machen, selbst wenn es nur vor den Kellnern ist. »Er kandidiert.«

Irgendwo auf der Welt wird in diesem Augenblick ein Kind geboren. Genau in dem Moment, in dem sie den Satz sagt, bedeckt ein Algenteppich die Küste von Irland, und ein Rind wird geschlachtet. Ich rieche die Käseschmiere, mit der das Kind überzogen ist, ich spüre das Salz, das die fleischige Masse der Algen aufreißt, wittere das warme Blut, das aus dem Tier strömt.

»Ich glaube, jetzt trinke ich doch«, bringe ich hervor, und sie bestellt mit einem Wink noch ein Glas und schenkt mir ein.

»Deshalb habe ich dich hergebeten.« Sie holt Luft, wie jemand, die eine lästige Aufgabe erledigen muss, mit der sie nicht gerechnet hatte. Sich Lehm vom Schuh abwischen, einen Ölfleck vom Bündchen eines Hemdärmels entfernen. »Du musst aufhören, diese Geschichten in die Welt hinauszuposaunen, du weißt, wovon ich rede. Sie können uns sehr schaden. Außerdem ist das, was zwischen euch war, Privatsache, es ist vorbei und interessiert keinen mehr.«

Unbehagliche Stille breitet sich zwischen uns aus, noch unbehaglicher als zuvor, wenn das überhaupt möglich ist.

»Wir wissen, dass du ihn stalkst.«

»Das war nur ein Mal.«

Sie sieht mich genauso ruhig an wie zu Anfang des Gesprächs. Ihr Tonfall ist die ganze Zeit über unverändert geblieben. Sie wird eine gute Sekretärin für die Organisation abgeben, denke ich.

»Das ist nicht wahr.« Sie lächelt. »Aber das macht nichts. Wir sind hier unter uns Frauen, du musst mir nichts erklären. Es ist okay. Aber du musst damit aufhören.« Sie macht eine Pause. »Und du musst aufhören, diese Geschichten herumzuerzählen.«

»Ich habe nichts gesagt.«

»Na ja, so ganz stimmt das nicht. Du hast ...« Sie zieht ihre Notizen in einem schlichten Heft zu Rate, das ihr offenbar als Terminkalender dient und das ich bisher nicht auf dem Tisch hatte liegen sehen, »... Mónica von der Kommission für Frauenfragen angerufen, um ihr deinen Fall zu schildern. Wir verstehen nicht ganz, warum. Das, was zwischen euch war, ist Privatsache.«

»Ja, das hast du schon mal gesagt.«

Wir mustern uns schweigend.

»Sieh mal, wir mischen uns nicht gern in Beziehungsgeschichten ein. Aber das hier ist nur zu deinem Besten.«

»Zu meinem Besten?« Ich lache.

Zum ersten Mal sehe ich, wie sie ihre Miene verzieht. Ihr Blick wird hart. Sie bittet den Kellner, die Teller abzuräumen, und nähert ihr Gesicht dem meinen.

»Okay, ich stimme dir zu: Der Kerl ist ein Aufsteiger und wahrscheinlich ein Arschloch obendrein. Aber er ist ein kluges Arschloch und hat es sehr schnell bis nach oben gebracht. Was soll ich dir erzählen, sie haben ihn mir auf die Listen gesetzt. Mir sind die Hände gebunden. Ich weiß, dass du Nachrichten von ihm hast, die uns bei den Kommunalwahlen total in die Scheiße reiten könnten, und ich will, dass sie verschwinden, oder ich werde, wenn die Umfragen stimmen und wir gewinnen, dafür sorgen, dass du in den nächsten vier Jahren keinen Job bei der Stadtverwaltung oder irgendeinem privaten Unternehmen mehr bekommst, vielleicht auch in den nächsten acht Jahren, wenn wir es nicht allzu blöd anstellen und die Regionalwahlen auch noch gewinnen. Hast du das kapiert? Oder soll ich dir eine Zeichnung machen?«

Ich merke, wie etwas in mir zerspringt, ich weiß nicht, was es ist, irgendetwas Kleines in meiner Schläfe. Als ich die nächste Frage stelle, habe ich unser gemeinsames Leben vergessen, ich weiß nicht mehr, wie du aussiehst, nicht einmal mehr, wie du heißt, mir fehlt die Luft, ich bin kraftlos.

»Und was hast du mir anzubieten?«

Sie lächelt. Durch das Fenster kann ich den Rosmarin sehen, der an den Hängen des Montjuïc wächst. Der Montjuïc ist ein Berg, der eine besonders große Vielfalt an Pflanzenarten aufweist, sowohl einheimische – Pinie, Johannisbrotbaum, Steineiche – als auch exotische wie Jacaranda, Feigenkaktus und Agave ... Es gibt auch diverse laubabwerfende Bäume wie den

Brasilianischen Korallenbaum, der im städtischen Gartenbau aufgrund seiner Funktion als Schattenspender und wegen seiner spektakulären Blüten angepflanzt wird, sowie den Feigenbaum, der sich durch seine Robustheit und Widerstandskraft auszeichnet.

Schließlich nennt sie eine Summe. Leuchtende kleine Punkte tanzen in der Luft, durchdrungen vom goldenen Licht des frühen Nachmittags.

»Das Doppelte, und ich verlasse noch diese Woche die Stadt«, sage ich.

XVII. DEBORAH, MARGARET UND DAS WASSER

Die Nachricht erreichte mich im Morgengrauen. Man hatte sie, nur mit einem weißen Nachthemd bekleidet, am Rand des Deiches gefunden, den Samuel Robson errichtet hatte. Sie war völlig durchnässt, ihr Hemd vom Wasser beinahe durchscheinend, und ihr Mann musste mit Hilfe der anderen Unmengen von Decken herbeischleppen, um sie aufzuwärmen. Sie wehrte sich so heftig dagegen, mitzukommen, dass nicht einmal drei Männer sie wegbewegen konnten. Anfangs verstand niemand, was sie vor sich hin murmelte. Es war Margaret Johnsom, Isaacs Frau, die sich nie bei unseren Versammlungen hatte blicken lassen, als sie noch uns Frauen gehörten, die wir aber, wie die übrige Gemeinde, jeden Sonntag in der Kirche sahen.

Die Johnsoms wirkten wie eine glückliche Familie, und das waren sie auch. Wenn man ihnen im Ort begegnete, gingen sie immer zusammen: vorneweg die Eltern und hinter den stolzen Erzeugern die fünf Kinder wie Entenküken. Sie hatten aus Liebe geheiratet, und ich glaube, Margaret betonte das auch bei ihrer Befragung durch die Herren von der Obrigkeit. Ihr Körper wies keinerlei Anzeichen von Gewalt auf. Margaret war nicht ins Wasser gegangen, um vor ihrem Mann zu fliehen.

Isaac Johnsom hielt seine Frau dort am Fluss mitten in der Nacht im Arm und versuchte, sie zu trösten. Ich glaube, er verstand, dass die Büttel sie gleich darauf mitnehmen würden, und wollte sie ein letztes Mal umarmen. Als ich die Neuigkeiten hörte, stellte ich mir die beiden vor. Das warme Bett, das sie teilten, das zügellose Verlangen, das ich vor vielen Jahren selbst verspürt hatte und das irgendwann seinen Höhepunkt erreichte und zu etwas anderem wurde, etwas Ruhigerem, Wärmerem, Dauerhafterem. Kurze Zeit später erzählte mir jemand, dass ihre Ehe immer so gewesen war, ruhig und friedlich wie der Wechsel der Jahreszeiten, und dass nichts Margarets Tat hatte erahnen lassen.

»Eine fromme Frau, in die der Teufel gefahren ist«, sagte jemand, und ich spürte einen Stich in der Seite. Ich dachte daran, wie aufmerksam und zurückhaltend Margaret immer im Gottesdienst gesessen hatte, eine Frau, deren gesamte Hingabe ihrem Mann und Deinen Richtlinien galt, o Herr, eine unauffällige Frau, keine Fanatikerin. Margaret kochte das Essen und erledigte die Hausarbeit, wirkte aber weder erschöpft noch nervös. Schüchtern war sie, das ja, und ein wenig reserviert, aber nicht auffällig für eine ruhige, häusliche Frau wie sie. Deshalb fiel es mir schwer, dieser Vermutung Glauben zu schenken. Sie nahm nicht an den Versammlungen teil, die als ketzerisch galten, sie war einfach nur eine ganz gewöhnliche Dorfbewohnerin. Margaret, vom Teufel verführt? Es hätte mich weniger verblüfft, wenn während des Sonntagsgottesdiensts plötzlich ein Bison in der Kirche gestanden hätte.

Doch die Margaret, die mitten in der Nacht gefunden wurde, war eine ganz andere. Ihr langes Haar war wirr und dunkel wie die grünlichen Algen, die das Wasser ausspeit wie schwere, überflüssige Strähnen und ans Ufer schwemmt. Ihre Hände zitterten, und sie brabbelte vor sich hin, zitierte wieder und wieder den Bibelvers über das Land Morija, das Land Morija. Da war es natürlich das Einfachste, zu glauben, sie wäre vom Teufel besessen.

Dass Margaret ihre jüngste Tochter Nora im Fluss ertränkt hatte, erschütterte die gesamte Gemeinde. Der kleine Körper lag neben ihr, sie versuchte nicht, ihn zu verstecken. Dass Isaac Johnsom seine Frau trotzdem in den Arm nahm, verstand keiner im Dorf. Am darauffolgenden Tag sagte die Fischverkäuferin im Laden kaum hörbar zu mir: »Er hat sie nicht verstoßen und nicht verflucht, er hat sie einfach nur umarmt und getröstet.«

Die Geschichte verbreitete sich wie ein Lauffeuer im ganzen Ort, alle waren fassungslos und entsetzt über das Verbrechen und die Reaktion des Ehemannes, sie standen ratlos davor wie vor einem gewaltigen Fels, der zu groß und zu störend ist, um ihn zu umgehen oder außer Acht zu lassen. Vor allem, als wir während des Prozesses sahen, wie ruhig die Johnsoms waren und wie sehr sie mit sich selbst im Reinen schienen, mehr, als ich es jemals bei einem Menschen erlebt hatte. Margaret Johnsom hatten die Monate im Kerker kaum etwas anhaben können, sie hatte weder ihren Appetit noch ihre Lebenslust verloren, und auf die Frage, warum sie ihre Tochter Nora ermordet habe, erklärte sie: »Ich konnte nicht mehr in der Ungewissheit leben, dass alles, was ich tat, sowohl meine Rettung als auch meine Verdammnis bedeuten konnte. Darum wollte ich so schnell wie möglich Gewissheit haben.« Damit war schon fast alles gesagt. Margaret hatte ihre Tochter ertränkt, um sicher zu sein, dass sie zur Hölle fahren würde. Ihr Mann nickte ruhig und hielt ihre Hand, wann immer die Wache es erlaubte. Ich betrachtete ihr Gesicht, das ich so oft auf der Straße gesehen hatte, und anders als anderen flößte es mir keine Furcht ein. Auch das, was sie ihr antun würden, machte mir keine Angst. Ich sah die Ruhe in ihrem Gesicht, verstand, dass ihr Durst endlich gestillt war. Margaret war eine Frau, die Dich nicht länger fürchtete, Gott, sondern die Dir ein Opfer darbrachte. Eine Frau, die angesichts der Aufgabe, stets auf dem rechten Pfad zu bleiben, nie auch nur einen Schritt von ihrer Liebe zu ihrem Mann oder Deinem Wort abgewichen war. Sie hatte sich einfach nur keine Fragen mehr stellen wollen.

Nachdem der Prozess vorüber und das Todesurteil gesprochen war, redete niemand jemals wieder über sie. Margaret taugte nicht als Beispiel, sie gefährdete die Verkündung Deines

Worts und unsere Errettung. Selbst Anne fügte sich wie alle anderen den Gesetzen der Gemeinde: In ihren Massenpredigten, die sie, immer fiebriger und selbstgewisser, unter Cottons aufmerksamem Blick hielt, erwähnte sie Margarets Namen kein einziges Mal. Margaret wurde zum unaussprechlichen Irrtum, zum unappetitlichen Ergebnis einer Mischung aus Fleisch und Blut, eine weitere Prüfung, die Du uns auferlegtest, damit wir nicht von der vorgezeichneten Linie abwichen. Aber heute erzähle ich von Margaret, ja, von Margaret in ihrem Hemd, das vom schmutzigen Wasser grau war, von Margaret am Ufer, weil nicht zählt, was sie anschließend mit ihr taten. Das Entscheidende ist, nicht zu vergessen, dass Margaret existierte, ja, Margaret existierte, weil ich mich an sie erinnere.

18. PLAZA DE LA VIRREINA (VORHER)

Natürlich passiert so einiges, während ich meine Koffer packe, um zu verschwinden. Irgendwas passiert immer.

Da ist zum Beispiel eine blonde, langhaarige Frau, keine dreißig, vielleicht sollte ich lieber sagen, ein Mädchen? Mit einem Trägershirt und engen Jeans, die auf einem Konzert Rücken an Rücken mit dir tanzt. Die Kamera schwenkt in einem ungünstigen Winkel, um möglichst das ganze Konzert eines Typen mit Koteletten und Gitarre zu erfassen, der mir vage bekannt vorkommt, ich muss ihn schon mal live gesehen haben, zu den Zeiten, als ich noch ausging, bevor ich dich kennenlernte. Er ist einer von denen, die zwischen den Songs Banalitäten vom Stapel lassen, aber das mit der Autorität, die ein Mann unserer Generation durch die Anwesenheit auf einer Bühne zuteilwird, mit ernster Stimme und dem Bewusstsein, jemand Besonderes zu sein, mit einer dreihundertprozentigen Autorität, einer Wahnsinnsautorität, einer Premiumautorität.

Es ist mein letzter Abend, ich sitze auf meinem Koffer und folge dem Auf und Ab dieser idiotischen Kamera, die am idiotischen Handgelenk eines unserer Freunde hängt. Er hat das Video aufgenommen, das ich gerade sehe, und irgendjemand hat es auf Instagram gepostet, und ich drücke wieder und wieder mit dem Daumen auf das Icon, um das Video wieder und wieder zu sehen und so alles, was passiert, genau zu erfassen. Die Szene ist schwer zu analysieren, weil sich der Besitzer des Handys darauf versteift, das Konzert und das Publikum einzufangen und nicht dich, weshalb er sich fast einmal ganz um sich selbst dreht, aber das Wichtigste hat er eingefangen: Da ist ein anderer gemeinsamer Freund von uns, ja, unser Freund, den ich in letzter Zeit nicht mehr gesehen habe, weil es nicht stimmt, dass man gemeinsame Freunde hat, du hast sie alle behalten. Sein kurzes schwarzes Haar, sein aufgeregtes dämliches Lachen verdeckt für eine Sekunde das Bild, nach dem ich Aussicht halte. Von seiner Stirn strömt der Schweiß, und er bleckt seine Zähne in einer glücklichen Grimasse, die genau das zum Ausdruck bringen soll: Glück. Das erinnert mich unweigerlich an Augenblicke, die wir alle zusammen auf ähnlichen Konzerten erlebt haben. Der Freund ist ein arbeitsloser Architekt, der jetzt Gestalttherapie studiert. Sein Partner ist Hundetrainer in Vallvidrera. Die beiden haben eine riesige Plattensammlung. Die Erinnerung an die Konzerte, die wir mit ihnen zusammen besucht haben, schwappt plötzlich über mich herein wie eine riesige Woge Salzwasser. Ich weiß wieder genau, wie das Bier im Sidecar schmeckte. Die Schnäpse. Er lud uns immer ein, getrieben von dem unwiderstehlichen Bedürfnis, sich mehr zu amüsieren als alle anderen, zu beweisen, dass er das, was wir erlebten, mit offeneren Sinnen erlebte als wir alle, eine Energie, hinter der sich ein hohles Hirn verbarg, glatt und sauber wie eine Tupperschüssel.

Die Kamera schwenkt weg von ihm und seinem Freund und hin zu einer Gruppe direkt vor ihnen. Ich sehe die Straßenlaternen, die die Kirche, vor der das Konzert stattfindet, in ein beinahe fluoreszierendes Licht tauchen. Natürlich: die Plaza de la Virreina. Aus der Anordnung der Körper lässt sich schließen, dass sie alle gemeinsam zum Konzert gegangen sind. Wie ein Fischschwarm bewegen sie sich vor und zurück, im Takt einer Musik, die ich nicht höre. Es ist das Straßenfest von Gràcia, wie ich aufgrund des Datums vermute. Fiestas de Gràcia – das bedeutet Mojitos, mit Schmutzwasser vollgespritzte Füße, Plastikbecher, die Calle Astúries voll von Leuten, die an den Ständen anstehen, um Alkohol zu kaufen, vielleicht zieht ihr später weiter zu den Bühnen, auf denen die Alternativveranstaltungen stattfinden, trinkt ein Bier in einer »Cupsterbar«. So nannten wir manchmal im Spaß die Hipster aus Gràcia, die die linke CUP wählen, weißt du noch? Nein, ich glaube, diesmal hältst du dich raus, du bist ja nicht bescheuert, weißt, dass es besser ist, dich in bestimmten Bars nicht mehr blicken zu lassen. Wieder schiebe ich das Bild mit den Daumen vor und zurück. Du tanzt völlig selbstvergessen, mit glücklicher Miene, und das Mädchen mit dem ellenlangen blonden Haar, dem Trägershirt und dem weißen BH, das ich nicht kenne, lächelt, ohne dich anzusehen, mit dem Rücken zu dir, während sie ihre Hüften mit einer intimen, fröhlichen, sorglosen Bewegung an deinem Schritt reibt. Ich verstehe. Es ist mein letzter Abend in dem Zimmer, in dem ich zur Untermiete wohne, ich stehe am Fenster und starre durch die Scheibe, ohne die Hitze zu spüren, die draußen herrscht. Ich bibbere. Mir ist kalt. Ich gehe auf keine Sommerpartys, ich sehe den Flugzeugen nach, die den Himmel durchschneiden, und stelle mir vor, wie du mit der prachtvollen Blondine eines von ihnen besteigst, ich sehe sie vor mir in einem kurzen Rock und Sandalen, wie ihr über mein Zimmer hinwegfliegt, in diesem endlosen Sommer den Himmel hinter meinem Fenster durchpflügt. Hier stehe ich, sehe den blinkenden Lichtern der Flugzeuge nach, betrachte aufmerksam jeden einzelnen Punkt. Ich weiß, dass es in diesem kilometerweit entfernten Leuchtpunkt hoch oben in der Luft kleine Fenster gibt, hinter denen Leute sitzen, die ein Leben haben und auf ihrem Flug irgendwohin auf uns hinunterschauen. Ich weiß, dass an diesen kleinen Fenstern der Dampf kondensiert, dass er vom gasförmigen direkt in den festen Aggregatzustand übergeht, und dass man diesen Vorgang Sublimation nennt. Ich lege meine Hand an die Scheibe, und mein Fenster und ihre Fenster ziehen einander an wie ein Magnet, verschmelzen durch die Sehnsucht nach einem besseren Leben. Plötzlich stelle ich mir vor, wie aufgrund eines technischen Fehlers eines der mehreren hundert Flugzeuge, die täglich in Barcelona abheben, an Höhe verliert und mitten in die Stadt knallt. Ein solcher Flugzeugabsturz hätte eine Reihe schrecklicher Tragödien zur Folge, Unmengen zerstörter Leben. Das erscheint unvorstellbar, eine Provokation angesichts dieses gewaltigen, leuchtenden, blauschwarzen Himmels. Und doch steht mir das Bild eines abstürzenden Flugzeugs in dieser Sommernacht mit einem Mal deutlich vor Augen und kehrt auch mitten am Tag, bei stahlblauem Himmel, hartnäckig immer wieder zurück. Je heller es wird, desto mehr fürchte ich, dass es abstürzt. Ich muss daran denken, wie wir einmal zusammen geflogen sind und du beim Abheben fest meine Hand hieltest, damit ich aufhörte zu zittern, aber ich merkte, dass auch du littest.

XVIII. DEBORAH UND SUSANNA

Es gab böse Omen. Ein schwarzer Rabe ließ sich regelmäßig auf meiner Fensterbank nieder, und wenn ich erwachte, weil meine Knochen schmerzten, spürte ich, dass er da war und mich anstarrte. Vielleicht war es auch etwas anderes, ein anderes Zeichen; aber was auch immer es war, Vater, ich fühlte, dass etwas mich beobachtete, dass ich nicht allein im Haus war.

Und es geschah nicht nur zu Hause. Auf der Straße tuschelten die Nachbarinnen und verstummten, sobald ich auf sie zuging, um sie zu begrüßen. Irgendetwas war im Entstehen, etwas, an dem ich keinen Anteil hatte. Ja, Vater, ich war ausgeschlossen. Seit Anne und Cotton allen Gläubigen predigten, die sie hören wollten, war ich wieder eine einfache Händlerin. Unser gemeinsames Vorhaben war gescheitert, wir schmiedeten keine Pläne mehr, mir blieb nur das Alter. Einen Plan zu haben, hält einen am Leben, es gibt einem ein freudiges Gefühl in der Magengrube. Solange Anne und ich Pläne geschmiedet hatten, hatte ich diese Lebenslust empfunden und geglaubt, unsere Gemeinschaft werde ewig währen. Und jetzt? Seit die Aussicht auf unseren gemeinsamen Traum von einem neuen Land, auf dem wir abseits von allen anderen unsere Gesellschaft aufbauen konnten, geplatzt war, fühlte ich mich auf einen Schlag alt.

Ja, lach nur, ich weiß, es klingt nach Koketterie. Aber beinahe über Nacht stellte ich fest, wie knochig und fleckig meine Hände waren, und ich bemerkte die schlaffe Haut an meinen einst so zarten, marmorweißen Knien, die mein Mann in den ersten, frohen Monaten unserer Ehe gepriesen und geküsst hatte. Mit einem Mal war mir mein eigener Körper zu schwer, mein Haar war borstig wie ein Besen, meine Augen waren blutunterlaufen. Ich fragte mich, ob mich vielleicht jemand mit einem Fluch belegt hatte. Wer war diese alte Vettel im Spiegel? Das konnte doch nicht ich sein, was war aus mir geworden? Das Schlimmste war das Gefühl, dass ich keine Zukunft hatte, weil ich nichts weiter war als eine alte Frau, eine immer wohlhabendere Frau zwar, aber eben doch alt.

Ich erwachte im Morgengrauen unter dem unheilverkündenden Blick des Raben und braute mir über dem Feuer einen starken schwarzen Tee, den ich mit Apfelmarmelade zu mir nahm. Manchmal war dieser Genuss das Einzige, was mich trösten konnte, dies und das Wissen, dass mein Geist noch klar war, dass ich meinen Verstand noch beisammen hatte. Der Gedanke, in diesen traurigen Zeiten dem Wahnsinn zu verfallen, wäre unerträglich gewesen, es hätte gerade noch gefehlt, dass der Gouverneur und der Reverend mir unterstellten, ich wäre vom Teufel besessen, und mir das Land wegnahmen, das ich unter großen Opfern in den letzten Jahren zusammengekauft hatte.

Eines Tages hörte ich in den frühen Morgenstunden, wie jemand heftig und hartnäckig an meine Tür hämmerte. Vielleicht der Rabe, war mein erster Gedanke. Dann wurde mir bewusst, dass das unmöglich war, und ich fragte mich, ob ich jetzt tatsächlich den Verstand verlor. Erst als ich die Tür öffnete und Anne erblickte, die ungekämmt, mit verrutschter Haube und tiefen Ringen unter den Augen vor mir stand, kam ich wieder zu mir und tat ohne nachzudenken das, was ich früher immer getan hatte. Ich bat sie herein, und sie ließ sich mir gegenüber an dem Holztisch nieder, an dem wir schon so oft zusammengesessen und geredet hatten.

Sie schlug ein warmes Getränk aus und sah mir direkt in die Augen. Eine Anne, die nervöser war, als ich sie je gesehen hatte, nicht außer sich, sondern einfach nur erschöpft und gespannt wie ein Drahtseil.

»Ich muss dich um einen Gefallen bitten«, begann sie. »Ich

weiß, dass wir schon lange nicht mehr miteinander gesprochen haben, ich weiß, dass du beschlossen hast, dich aus allem herauszuhalten, aber du bist der einzige Mensch, dem ich in dieser Situation trauen kann. Du hast deine Gründe, den Predigten fernzubleiben. Ich teile sie nicht, aber ich muss deine Entscheidung akzeptieren.« Sie lächelte schwach.

»Du weißt, warum ich nicht komme, Anne ...«

Sie ließ mich nicht ausreden: »Ich habe dich nicht verraten, niemals. Du willst nur einfach nicht einsehen, dass der Kampf größer ist und wir ihn fortsetzen müssen, koste es, was es wolle.« Ihre Stimme war immer lauter geworden, bis ich sie mit einer Handbewegung unterbrach.

»Das musst du mir nicht erneut erklären.«

Wieder lächelte Anne.

Wir sahen einander an, bis ich vollständig in ihrem Lächeln badete. Anne, meine geliebte Anne. Wenn ich für einen einzigen Augenblick in meine Existenz zurückkehren könnte, dann wäre es dieser. Die Aussicht, dieses Glücksgefühl wiederzuerlangen, hauchte mir Luft und neues Leben ein. Aber plötzlich bemerkte ich, dass Anne nicht alleine war. Im ersten Morgenlicht, das ins Zimmer fiel, entdeckte ich, verborgen in ihren Rockfalten, ihre Tochter Susanna, die kleine Susanna mit dem korallenroten Haar.

»Ich möchte dich bitten, für eine Weile auf Susanna aufzupassen. Ich weiß, du wirst einwenden, dass sie in einer Familie besser aufgehoben wäre, aber das glaube ich nicht. Susanna braucht jemanden, der sie anleitet und sie all die wichtigen Dinge lehrt, die sie in der Schule nicht lernen wird, und ich komme einfach nicht dazu. Ich stehe kurz vor der Geburt meines nächsten Kindes, und mir fehlt die Zeit.«

Ihre Stimme brach. Aber nicht vor Schwäche angesichts der bevorstehenden Trennung von ihrer kleinen Tochter, sondern vor lauter Erschöpfung. Damals hatte Anne zwölf weitere Kinder, das nächste war unterwegs, und ihre Mission war ihr zu wichtig. Und so stelltest Du uns alle vor das Paradox, das sich als wahrer Fallstrick, als grausamer Scherz erwies: Wie hatten wir nur zulassen können, dass unsere Anführerin zu einer dieser frommen Frauen geworden war, die eben gerade ihrer Hilfe bedurften? In diesem Augenblick hätte Anne nichts nötiger gebraucht als eine aufmunternde Stimme, nämlich ihre eigene, aber aus dem Munde einer anderen.

»Anne, du musst dich ausruhen, versprich mir, dass du dich ausruhen wirst.«

Aber war meine Stimme stark genug, Gott? War ich genug für Anne, würde ich jemals wieder genug für sie sein?

Ihre Schultern, die kurz nach vorne gesackt waren, strafften sich wieder.

»Mach dir um mich keine Sorgen.« Sie starrte auf einen Punkt hinter mir und fuhr fort: »Wir können es schaffen, wir müssen es schaffen. Mir geht es wieder gut, es ist alles in Ordnung. Das Gespräch mit dir hat mir eine Last von der Seele genommen. Vielleicht ist es auch der Herr, der mich leitet.«

Wir lächelten beide. Und dennoch erfüllte uns Mutlosigkeit. Und dennoch hatte ich das Gefühl, als wäre sie weit, weit weg.

»Komm her, Susanna«, befahl Anne in ruhigem, festem Ton, dem Tonfall einer Mutter, den sie annehmen konnte, wenn es nötig war. »Du wirst für ein paar Tage hier bei Miss Deborah bleiben, und ich werde kommen, um dich zu sehen, sobald ich kann, ja?«

Susanna nickte, ihre Augen waren groß und klar. Ich breitete die Arme aus und vernahm plötzlich wieder diesen Duft nach Wärme und kindlichem Schweiß, nach frischen Zitronenblättern, nach einem zarten, noch ganz unverbrauchten Leben. Als ich die Augen wieder öffnete, war Anne verschwunden und hatte die Tür hinter sich geschlossen.

19. PASEO DE LA CASTELLANA 11 (JETZT)

Und so sind wir im Hier und Jetzt angekommen. Mit dem Geld verließ ich die Stadt, schnell, schnell, um nicht zu sterben, um mich nicht umzubringen. All das geschah vor diesem Augenblick. Jetzt, genau jetzt, in diesem Augenblick, knallt eine dunkle Turteltaube gegen die Kunstglasscheibe des Gebäudes, in dem ich lebe. Das passiert oft, vor allem am Spätnachmittag, in diesem Aquarium mitten an einer großen Straße. Immer weniger Leute füttern die Vögel auf der Straße. Und wenn es dunkel wird, brennt hinter den Fenstern der Gebäude kaum Licht, weil hier alles voller Büros ist. Es wird immer früher dunkel, das zeigt mir, dass wir den Sommer schon vor einiger Zeit hinter uns gelassen haben und nun endlich auf den Winter zusteuern. Das Licht aus meiner Wohnung zieht die Vögel an wie die Motten, instinktiv suchen sie die Wärme. Außerdem sind die Scheiben so blitzblank, dass die Vögel sie nicht erkennen und wie Kamikaze ungebremst dagegenprallen. Das geschieht so oft, dass der Portier mit dem Zählen nicht hinterherkommt; trotzdem hängt er in den Aufzügen Zettel auf, damit die Geschäftsführer der Firmen, die das restliche Gebäude belegen, und die beiden einzigen Mieterinnen dieses Glaskastens sie sehen. Alle zwei, drei Tage lassen sich Arbeiter mit Seilwinden von den Fensterbänken herab, um das Blut und die Überreste zu entfernen. Manchmal krachen die Vögel auch im Morgengrauen gegen die Scheibe. Peng. Ein Spatz. PENG. Eine Taube. Mit der Zeit lernt man, sie am Aufprall zu unterscheiden.

Ich berühre die blutige Scheibe, während der Himmel dahinter dunkel wird. Meine Hand bekommt davon natürlich nichts ab. Das Blut ist auf der anderen Seite meiner hermetisch abgeriegelten Kammer. Meine Hand ist sauber. Wieder betrachte ich diesen indigoblauen Himmel, der nicht der meine ist, diesen Himmel ohne Dunst, ohne Salz, an dem sich nichts regt. Ich fühle die Kälte um mich herum, die Kälte, die mich seit Monaten lähmt, und während ich von hier oben die Autos unten auf der Straße betrachte, stimme ich wieder meine Litanei an. Und die geht so:

Die Freundin meiner großen Liebe hat Augen wie ein weißes Kaninchen, rötlich, klein und hervorstehend. Ich habe sie gründlich genug in den sozialen Netzwerken studiert. Die Freundin meiner großen Liebe ist alles, was ich nicht bin: dünn, nervös, mit langen, marmorweißen Armen und zitronenjoghurtblondem Haar wie aus einem Märchen. Manchmal stelle ich mir ihr Schamhaar vor, sicher ist es weich und zart wie ein Plüschtier. Ich stelle mir vor, wie er in sie eindringt, langsam, oder wie sie sich auf ihn setzt und ihre schmalen jungen Hüften bewegt, ihn reitet, bis er kommt.

Ich kenne die Freundin meiner großen Liebe nicht, aber ich denke viel an sie. Ich habe ihre Stimme durch den Bildschirm meines Computers gehört, weil sie manchmal dabei ist, wenn er Interviews gibt. Sie haben sich in der Partei kennengelernt, sie hat da irgendeinen technischen Job, nichts besonders Interessantes, aber sie, ihr ganzes Wesen, rührt mich. Schüchtern und ein wenig unbeholfen spielt sie ihre Nebenrolle, erklärt, wie sie ihm bei seiner neuen Aufgabe behilflich ist. Sie ist nicht gerade wortgewandt, und diese Unbeholfenheit rührt mich noch mehr, ich hätte Lust, sie in meinen Armen zu wiegen wie ein kleines, weiches Tierchen. Er steht neben ihr, ermuntert sie, etwas zu sagen, und ich betrachte ihn und erkenne seinen klaren Blick und seinen unübersehbaren Beschützerinstinkt. Ich betrachte diesen neuen Mann, einen gut rasierten, stimmigen Mann, der alle mit seinen klaren, deutlichen Worten überzeugt, und verstehe ganz genau, was passiert. Die Freundin meiner großen

Liebe besitzt die Fähigkeit, sich lieben zu lassen, sie taucht in seine Liebe ein wie in ein warmes Bad, bedankt sich dafür mit ihren Augen und ihrem Mund, wie es nur die Jugend kann, eine neue, hoffnungsvolle Liebe. Die Hoffnung ist ein mächtiger Parasit, sie frisst jeden Zweifel, zernagt ihn mit ihren Zähnchen, zermalmt und zermahlt ihn, bis nichts mehr von ihm übrig ist. Die beiden haben Hoffnung und eine neue Zukunft, und deshalb weiß ich, dass die Freundin meiner großen Liebe sich nie beschweren und nichts in Frage stellen wird, weil sie das Gefühl hat, alles zu verdienen, was sie hat, alles, was sie umgibt. Sie fühlt es nicht nur. Sie weiß, dass sie es verdient.

Eingesperrt in meinen Glaskasten, das Blut der hundertsten Turteltaube noch frisch an der Scheibe, beginnt sich der Nebel in meinem Hirn zu lichten. Sie weiß, dass sie es verdient, im Unterschied zu mir. Ich habe nie geglaubt, deiner würdig zu sein, weißt du noch? Ich war feige. Immer wieder fragte ich dich, unersättlich: Liebst du mich? Liebst du mich? Und du sagtest immer wieder. Ja, ja, Schatz, ja, und ich wusste, dass es nicht stimmte, dass meine Ängste unerbittlich waren, dass du nichts davon verstehen konntest. Du weißt nicht, wie es ist, schwach und feige zu sein. Nichts weiter als ein verknöchertes Skelett.

Die Freundin meiner großen Liebe ist definitiv das Gegenteil von mir: Ich bin rachsüchtig und schwachsinnig. Das sage ich mir immer wieder, Tag und Nacht, das bin ich in diesem gläsernen Würfel, dieses missgestaltete Experiment. Schaut mich an.

XIX. DEBORAH, SUSANNA UND DIE BÄUME

Zu sagen, dass Susanna mir das Leben rettete, mag abgedroschen klingen, aber Du weißt, dass es stimmt: Sie rettete mir das Leben. Wir brauchten ein paar Tage, um uns aneinander zu gewöhnen, denn sie war kein einfaches, ruhiges Kind, wie Henry es gewesen war, sondern eher lebhaft. Anfangs konnte sie nachts kaum schlafen, und wenn sie einschlief, erwachte sie gleich wieder und rief nach ihrer Mutter. Und doch erkannte ich schnell, dass sie ein freundliches, fröhliches Wesen hatte; zudem sah ich mich durch sie wieder zu gewissen, lange vergessenen morgendlichen Ritualen gezwungen. Bald hatte ich mich daran gewöhnt, mit ihr aufzustehen, ihr das Frühstück zu bereiten, sie zu waschen und zur Schule zu bringen, und fühlte, wie dieses neue Leben wie Elixier durch meine Adern strömte und mich mein eigenes Gesicht und meine Vergangenheit vergessen ließ. Ihre Jugend gab mir frische Hoffnung, eine leere Leinwand, die ich bemalen konnte, einen Überlebensgrund.

Wenn ich sie in der Schule abgegeben hatte, kehrte ich in ein stilles, friedliches Haus zurück und erledigte rasch, geordnet und ruhig meine häuslichen Pflichten: Ich ging auf den Markt, kümmerte mich um meine kurzfristigen Investitionen (andere gab es in meinem Alter nicht mehr), ging die Rechnungsbücher durch. Alle diese Aufgaben ließen sich in den wenigen Vormittagsstunden erledigen, bevor ich Essen aufs Feuer setzte, damit sie etwas Warmes in den Magen bekam. Susanna hatte mir eine Aufgabe gegeben, einen Lebenszweck.

Wenn ich dann kurz nach Mittag ihre schmächtige Gestalt die Straße entlangkommen sah, erfüllte mich die Vorfreude auf ihre Gesellschaft. Ich sah ihr zu, wie sie ganz allein den Hügel

hinaufging. Ihr erdbeerroter Schopf, zuerst nur ein winziger Punkt, wurde nach und nach fingernagelgroß und immer größer und wirklicher, bis sie zuletzt vor der Tür stand. Und wenn sie dann hereinstürmte, verlangte sie lauthals immer dasselbe: Deborah, zeig mir die Ländereien! Und ich tat ihr gerne den Gefallen, weil ich wusste, dass ein schmächtiges Kind mit steckendürren Armen und Beinen wie sie Freude brauchte und über die Felder laufen musste. Also streiften wir kreuz und quer über das Gut, und jeden Nachmittag stellte sie mir Fragen:
»Sind das Apfelbäume?«

»Ja, Susanna, das sind Apfelbäume. Ihre Blätter sind glatt und glänzend, und ihre Blüten sind hellrosa mit einem dunkleren Fleck in der Mitte. Merk es dir, damit du sie von den anderen unterscheiden kannst.«

»Und die Nussbäume? Welche Farbe haben ihre Blüten?«

»Haselnussblüten haben gar keine Farbe, Dummerchen. Die Nussbäume sind die da hinten, mit den grünen Kätzchen.«

»Die sehen aus wie Finger!«, rief sie mit großen Augen und lachte.

Ja, sie sehen aus wie Finger, antwortete ich, und sie fuhr fort mit ihrem Ritual aus Fragen über Früchte und Blüten und über die Tiere, die nachts auf dem Grundstück umherschlichen. Anfangs machten ihr die ländlichen Geräusche Angst, aber bald beruhigte sie die Sicherheit, mit der ich mich über die Ländereien bewegte, die mir und jetzt auch ihr gehörten. Sie fühlte, dass weder die Füchse noch die Wildschweine ihr etwas anhaben konnten, wenn sie meine Hand ergriff, und so gingen wir weiter und weiter, ihre kleine Hand in der meinen, bis ich sagte: »Essenszeit, Susanna«, und wir den Rückweg antraten. Zu Hause bestrich ich ihr eine große Scheibe warmes Brot mit Butter und Honig, und sie sah mir mit ihren neugierigen Augen zu; dann hob sie die Brauen und blickte zu der Weinflasche hinüber, und wenn Sonntag war, sagte ich: »Na gut, aber nur einen!«, und goss ihr ein wenig Wein mit Honig in den Becher. Dann füllte ich mein Glas, und wenn Susanna trank, färbten sich ihre Wangen, bis sie rot waren wie ihr Haar, und wir beide lachten. »Wein stärkt das Blut«, erklärte ich, und sie nickte, weil sie dieselbe Wärme in Brust und Wangen spürte wie ich, und wir lachten und lachten so sehr, dass ich schließlich sagte: »Genug, Susanna, sonst wird uns noch Reverend Peter hören und denken, dass wir verrückt geworden sind.« Aber da lachte Susanna noch lauter und hemmungsloser und konnte gar nicht mehr aufhören, bis sich das Zimmer vor ihren Augen drehte und ich sie mir auf die Schulter lud und ins Bett brachte, damit sie ein wenig zur Ruhe kam.

Anfangs war Susanna, wenn sie im Dunkeln erwachte, völlig verzweifelt. Ich wusste, dass sie an ihre Mutter dachte, und manchmal hörte ich sie weinen, doch das war bald vorbei. Nach einigen Tagen erwachte sie schon freudiger Laune, und abends half sie mir beim Essenmachen und erzählte mir, was sie in der Schule gelernt hatte, wo sie wenig mehr taten, als die Bibel zu lesen. Also brachte ich ihr die Buchstaben und Zahlen bei, immer spät am Abend, damit sie von ihnen träumte und sie so besser im Gedächtnis behielt. Die Eigenschaften der Pflanzen übten wir auf den Spaziergängen, die wir jeden Nachmittag unternahmen, und die der Sterne in mondlosen Nächten, in denen niemand uns störte. Ihre Mutter wusste so gut wie ich, was eine sorgfältige Erziehung bedeutete, und hatte mich damit beauftragt, sie ihr zu vermitteln, und das tat ich auch, alles andere war mir gleichgültig. Ihre Mutter kam nicht mehr zurück, aber sie hatte uns eine Oase des Friedens hinterlassen.

Und dann, eines Nachmittags, als wir gerade zwischen den Obstbäumen flanierten, erschien Reverend Peter mit düsterer Miene und sagte zu mir: »Deborah Moody, wir müssen reden.« Da wusste ich, dass die Stunde gekommen war, dass etwas Schlimmes geschehen sein musste. Natürlich: Der Rabe an meinem Fenster konnte kein Zufall gewesen sein, nicht wahr, Herr? Jetzt war die Stunde gekommen, und ich hatte den gleichen Geschmack nach Salpeter und sandiger Erde auf der Zunge, den ich auch jetzt spüre, und ich drückte Susannas Hand und sagte ihr, sie solle schon mal nach Hause laufen, ich käme gleich nach.

20. PASEO DE LA CASTELLANA 11 (JETZT)

Ich liege im Halbschlaf.
 Ich mochte die Straßen von Barcelona, denke ich jetzt. Ich mochte die engen Gassen von Barcelona, weil sie mir Einhalt geboten. Eine kleine Straße, die nach Sardinen und Fäulnis stinkt, nach zerlöchertem Kalkstein, Urinpfützen und feuchten Tabakkrümeln, nach Bierdosen und unverdauten Kebabresten.

Meine Erinnerungen sind aus Marmor: aus dem grauen Marmor des Markts von Abaceria, wie kleine Brocken Stockfisch. Ich lief die Stadt hinunter vom Markt bis zum Barrio Chino, suchte mir eine Bar aus, die mir *authentisch* erschien, setzte mich hin, um auf dich zu warten, der Marmor der Bar Almirall, eine prachtvolle, halbrunde, angenehm zu berührende Theke. Der alte Marmor gab mir ein Gefühl von Kontinuität. Der alte Marmor, nicht diese ganzen Hipster-Wermutbars. In Gedanken kehre ich an die Schauplätze früherer Lieben zurück. Bar del Centre, Almirall, Canigó, Sant Agustí. Der Friedhof meiner Marmorplatten gibt mir das Gefühl, lebendig zu sein, ich kehre zurück zu vergangener Zärtlichkeit. Diese idiotischen Liebesgeschichten, die ich nicht am Leben erhalten habe, sondern einbalsamieren ließ wie diese verrückten alten Schachteln, die ihre Schoßhündchen ausstopfen lassen und dann sagen: »Sieh doch nur meinen Terry an, wie brav er ist.« Dabei haben sie dem Viech einfach nur die Reißzähne und die Seele entfernt. So wie uns allen, meine Liebe, so wie uns allen.

Hier war ich die ganze Zeit über in einem durchsichtigen Aquarium, ohne entdeckt zu werden, aber in den Straßen von Barcelona könnte ich verschwinden. Noch kenne ich meinen Plan nicht, aber bald wird er zu mir kommen. Ich fühle es. Ich weiß es.

An einem Tag wie jedem anderen merke ich, dass es Frühling ist in Madrid. Der Himmel ist kobaltblau und kalt, Süßgras- und Olivenbaumpollen fliegen umher, während die Büroangestellten vor der Tür rauchen und Milchkaffee trinken. Ich beobachte sie von meinem Fenster aus und merke, dass sie lauter reden als sonst, sie streiten, die Männer verlagern ihr Gewicht von einem Fuß auf den anderen, um nicht zu ermüden, während sie immer weiter diskutieren und ihre Kaffeepause länger ausdehnen als sonst. Ich beschließe, hinunterzugehen und eine Runde zu drehen, um den Kopf frei zu bekommen und ein bisschen wacher zu werden. Am Eingang des Gebäudes versuche ich, nicht ihren Zigarettenrauch einzuatmen, als ich höre, wie einer von ihnen die neue Bürgermeisterin erwähnt, eine Richterin, Alter, eine Richterin! Da bin ich mir sicher, dass du bei den Wahlen ebenfalls gewonnen hast.

In dieser Nacht träume ich, dass ich zurückkehre. Weit, weit zurück, meine Hände sind bleich, durch meine Adern fließt eisiges Wasser, meine Kinderhände sind andere und doch die gleichen: Ich träume, dass die Liebe mich nicht rettet und dass das nicht wichtig ist. Ich träume von Straßen, so wie jede Nacht, bis ich an einen Ort komme, von dem ich manchmal träume und der noch hinter Vallcarca liegt, ein Ort mit weißen Häusern und geraniengeschmückten Balkonen. Dort wartet jemand auf mich, ich fühle, wie er mich bei der Hand nimmt und mich irgendwohin führt, wo die Erde salzig ist; dort malt er ein Kreuz auf den Boden.

Und ich vergesse sie, deine neue Freundin mit ihrem runden, dummen Gesicht. Runde Augen, runder Mund. Ich vergesse, dass sie lächelt und dich *mein Schatz, meine Liebe* nennt, ich vergesse es, weil eine Hand die meine hält und mich begleitet, ich vergesse ihr blondes Haar, ihre runden Augen wie rote Murmeln und denke, dass du mir verziehen hast und dass es vielleicht das Richtige wäre, zu dir zurückzukehren, dich wieder zu lieben, auch wenn sie da ist, drei in einem zu sein, und das salzige Wasser füllt meinen Mund und zerzaust unser Haar, und du liebst mich, aber die Hand zieht mich weiter, zu den weißen Häusern und den Geranien, und die Stimme einer Frau, die ich nicht kenne, sagt: Er hasst dich nicht, aber er liebt dich auch nicht, brauchst du einen Beweis? Tu, was du tun musst. Zeig, wozu du fähig bist. Wenn du das tust, wird er dich außerdem niemals mehr lieben.

Als ich aufwache, hallen mir diese Worte in den Ohren. Du liebst mich nicht. Also kann ich tun, was ich will. Du liebst mich nicht, und ich bin frei. Du liebst mich nicht, und nichts, was ich tun könnte, wird daran etwas ändern. Und genau in diesem Augenblick, als ich mich an den Traum und die Brücke von Vallcarca erinnere, sehe ich den Plan plötzlich deutlich vor mir und weiß genau, was ich tun muss. Ich kann zurückkehren. Mehr noch: Ich muss zurückkehren.

XX. DEBORAH: DAS TIER VERHARRT REGLOS, DANN FLIEHT ES

Wir wissen, dass nach einem Schlag das Fleisch zuerst rot und dann blau wird und sich später grün und gelb verfärbt, was ein Zeichen dafür ist, dass die Verletzung verheilt. Der Schlag dauert nur einen Augenblick, aber der Schmerz hält lange an.

Reverend Peters Schlag erfolgte rasch, und dafür war ich ihm dankbar. Nur ein paar wenige Worte und das Rascheln trockener Blätter im winterlichen Raureif unter unseren Füßen. An vieles erinnere ich mich nicht mehr, nur daran, dass er mit nüchterner Stimme ein paar kurze Sätze sagte, wie jemand, der weiß, dass etwas zerbricht.

Sie würden Anne wegen Ketzerei verhaften. Schlag. Sie hatte gegen die Gesetze der Kolonie verstoßen und uns alle in Gefahr gebracht, indem sie bei der Lektüre der Heiligen Schrift den rechten Pfad verlassen hatte. Schlag. Vielleicht hatte sie anfangs in bester Absicht gehandelt, aber es bestand kein Zweifel daran, dass sie die Blicke auf eine bedrohliche Lücke gelenkt hatte, die unser gesamtes Gerüst zum Einsturz bringen konnte: auf die Beziehung zwischen Gnade und Glaube. Anne hatte diesen schmalen Spalt benannt und erweitert, bis er zu einer Bresche geworden war, die den Damm zu sprengen und einen endlosen Strom freizusetzen drohte. Wenn Anne – wie sie es offenbar tat – behauptete, die geistige Intuition sei die einzige Verbindung zu Gott, war dies ihr Ende, Deborah, das musste ihr Ende sein. Schlag. Schlag. Schlag.

Der Schlag trifft das Fleisch plötzlich und ohne Vorwarnung. Deshalb rühren die wilden Tiere im Wald sich nicht: Sie fürchten einen weiteren Schlag. Das Tier verharrt reglos und wartet auf den richtigen Moment zur Flucht. Peter hatte gesprochen, und ich durfte mich nicht regen, weil ich wusste, dass etwas in Gang gebracht worden war; Himmel und Erde waren nichts weiter als eine Spirale aus Materie, die sich immer schneller um mich zusammenzog, es gab nur noch meinen Atem und mich, während ich darauf wartete, dass Peter zum nächsten Schlag ausholte, wie man die Knochen toter kleiner Vögel zerschlägt, entschlossen und ohne zu zögern.

»Es heißt, Hutchinsons jüngstes Kind sei ein Kind Satans«, murmelte er, »wusstest du das?«

Ich muss wohl zu meinem Haus hinübergesehen haben, wo Susanna war, und schüttelte schwach den Kopf.

»Nein, nicht das Mädchen«, sagte er. »Das Kind, das sie kürzlich geboren hat. Es war missgestaltet, vielleicht aufgrund ihres Umgangs. Es heißt, Cotton und sie hätten sich schon lange vor ihrer Ankunft hier gekannt. Vielleicht war er es, der ihr diese Ideen in den Kopf gesetzt hat, wer weiß.«

Ich blieb stumm.

»Dir droht jedenfalls keine Gefahr, Deborah, das Problem fing an, als Männer und Frauen, die nicht miteinander verheiratet waren, sich in den Versammlungen auf unzüchtige Weise mischten. Zwar ist mir nicht zu Ohren gekommen, dass sie ihrem Gatten untreu gewesen sei, und ich glaube es auch nicht, aber wir können es nicht wissen. Wie traurig, dass wir nun die gewaltige Wunde heilen müssen, die diese Frau den Kirchengemeinden zugefügt hat, ihre unsägliche Ehrlosigkeit gegenüber Jesus Christus, das Böse, das sie vielen Seelen angetan hat.«

Ich weiß, dass der Reverend mich ansah, weil ich seinen Blick auf mir spürte wie die Kälte auf meinen Wangen, als er fortfuhr: »Hab keine Angst, du musst nichts fürchten, denn du befindest dich weiterhin auf dem rechten Pfad, nicht wahr, Deborah? Das Schlimmste, was dir passieren kann, ist, dass du beim Prozess aussagen musst.«

»Beim Prozess?«

»Ja, er wird in Kürze beginnen, aber du musst dir keine Sorgen machen. Was auch immer du in diesen Versammlungen unter euch Frauen gesagt hast, wird nicht gegen dich verwendet werden, solange du weiterhin deine Gottesliebe unter Beweis stellst.«

Schlag.

Zuerst verharrt das Tier reglos.

Endlich konnte ich ihm ins Gesicht sehen, jetzt, da ich hörte, wie in seiner Stimme etwas brach.

»Deinen Landbesitz hast du dir hart und ehrlich erarbeitet, nicht wahr, Deborah?«

»Ja, Reverend.«

»Dann beweise es.«

Da verstand ich, dass ich alleine war, dass Du nicht da warst, Gott, dass mir nichts anderes übrig blieb, als Hals über Kopf nach Hause zu laufen und einen Karren vollzuladen, um noch in derselben Nacht mit dem zu verschwinden, was ich am Leibe trug, weil es Dich nicht gibt, weil wir Selbstgespräche führen und uns in Wirklichkeit niemand errettet.

Zuerst verharrt das Tier reglos, dann flieht es.

21. CALLE PUIG D'OSSA (JETZT)

Von dort, wo ich stehe, hat man eine fantastische Aussicht. Ich hätte nie gedacht, dass es so einfach werden würde. Die Schwalben, der staubige Efeu, die immer grauere und feuchtere Färbung der Wolken, die andeutet, dass der Sommer zu Ende geht.

Ich habe Bougainvillea immer mit den reichen Vierteln der Stadt in Verbindung gebracht. Unterhalb der Plaza de la Bonanova gibt es keine Bougainvillea, jedenfalls nicht in meiner Erinnerung. Bougainvillea, Glyzinien, Gebäude, deren Fassaden immer wieder neu ockerfarben oder lachsfarben gestrichen werden, um kleine Makel unsichtbar zu machen. Gestreifte Schuluniformen, kerzengerade Frauen auf Stöckelschuhen, mit braungebrannten Waden und wöchentlicher Maniküre. Geschäfte mit französischen Namen, Teesalons, Bridgeclubs, Talassotherapie und immer noch angereicherterer Sauerstoff. Und alles ist einsam, voneinander getrennt, weit getrennt. Die Menschen in diesem Viertel halten mindestens vier Meter Abstand. Weniger ist undenkbar. Ich weiß nicht, warum die Leute so scharf darauf sind, im Stadtzentrum zu wohnen, in den Ballungsräumen, warum sie unbedingt aufeinanderhocken und ihre Keime, Bakterien und Krankheiten teilen wollen. Nur Verrückte sehnen sich nach Kontakt. Mit einem Fremden ins Bett zu gehen, kann schon dein Todesurteil sein. Liebe ist eine Ungeheuerlichkeit. Sex gehört in die Hölle.

Jetzt, da ich bin, wer ich bin, muss ich mir nichts mehr schönreden.

In diesen Tagen habe ich auch verstanden, dass die Reichen einfach nur deshalb bessere Sachen haben, weil sie sie günstiger erhalten. So einfach ist das.

Da wir gerade von Geld reden: Ich muss dauernd an den Haufen Geld denken, der in einem Koffer unter meinem Bett liegt. Er macht mich glücklich. Die Summe, die ich ihnen abgeknöpft habe, reicht aus, um mir mindestens zehn Jahre lang ein angenehmes Leben zu machen. Señora Pilar, die mir vier Wände, Fußboden und Decke im ersten Stock dieses Hauses vermietet hat, nimmt nur die Mindestmiete. Sie mochte mich auf Anhieb. Ich glaube, als ich ihr sagte, ich sei Witwe wie sie, hatte sie Mitleid mit mir. Es macht mir nichts aus, dass sie jeden Tag kommt, um nach mir zu sehen. Ich habe gerne Gesellschaft. Eine Gesellschaft, die distanziert und auf merkwürdige Weise schwesterlich ist und auf Codes basiert, die wir beide verstehen. Wir müssen keine Nähe heucheln und uns nicht gegenseitig tränenreich das Herz ausschütten. Sobald sie frisch gemahlenen Kaffee riecht, kommt sie auf eine Tasse vorbei und bringt immer etwas mit, ein Stück Blaubeerkuchen oder Zimtplätzchen. Wir sitzen beisammen und sehen schweigend in den Nachmittag hinaus oder reden darüber, dass eine Schar Stare angekommen ist oder die Blätter sich verfärben. Kein Zweifel: Das wird ein guter Herbst.

Das Haus befindet sich hinter dem hochgelegenen Teil von Barcelona, da, wo die Stadt aufhört und der Wald beginnt. Das Viertel heißt La Mercè, ein merkwürdiger Limbus aus Forschungseinrichtungen, konfessionellen Schulen, die nicht zur katholischen Kirche gehören – Anglikaner oder Adventisten –, und Wohnhäusern, die in der Francozeit illegal hier errichtet wurden und die sich jetzt niemand abzureißen traut. Eigentlich gehört es noch zu Pedralbes, liegt aber in der hintersten Ecke. Hier besitzt meine Vermieterin, Señora Pilar, ein zweistöckiges weißes Häuschen in einer Straße, in die sich der Postbote nur selten verirrt und durch die der Stadtteilbus mehrmals täglich durchfährt, ohne anzuhalten.

Hier wird mich niemand suchen.

Endlich habe ich alle Lasten abgeworfen, die meinen Körper bedrückten, ich fühle mich frei und leicht, im Frieden mit mir selbst. Es ist, als hätten sich alle meine Zellen erneuert. Ich muss an nichts mehr denken. Und natürlich nehme ich auch keine Pillen mehr, nicht mal mehr zum Einschlafen.

Ja, es ist ein Wunder.

Mit meiner Ankunft hier kam alles zur Ruhe.

Ich sagte dir ja schon, dass ich feige bin. Und ich sagte, dass das für diese Geschichte wichtig ist. Auch deine Wohnung ist wichtig, die einmal unsere Wohnung war. Natürlich hast du dir nicht die Mühe gemacht, das Türschloss auszutauschen, denn selbst wenn ich noch so deprimiert war, wirkte ich nicht wie die Psychopathin, die ich in Wirklichkeit bin. Du wärest nie auf den Gedanken gekommen, dass ich ohne dein Einverständnis zurückkehren könnte. So seid ihr Männer, fest davon überzeugt, dass die Leute sich an die Regeln halten, einfach nur deshalb, weil ihr sie die ganze Zeit über diktiert habt, nicht wahr? Ihr behandelt uns wie dressierte Hunde, und es fällt euch im Traum nicht ein, dass die Hunde die Kleidung zerfetzen könnten, oder hinpinkeln, wo sie nicht sollen, oder abhauen, ja, abhauen.

Ja, ja, die Regeln. Die Regeln. Vor tausend Jahren, als ich eine andere und noch mit dir zusammen war, hast du mich gezwungen, eine Regel der sozialen Netzwerke einzuhalten: Stell dein Glück nicht allzu offen zur Schau, das könnte Neid wecken. Ich erinnere mich an diese Regel, sie wummert in meinem Kopf wie Hammerschläge. Sei nicht geschmacklos, hast du immer gesagt. Merkwürdig, für dich galt diese Regel nicht, nicht wahr? Du hast immer gemacht, was du wolltest. Und in letzter Zeit warst du nicht besonders brav, nicht wahr? Du weißt es. Eine Reise nach Griechenland mit deiner Liebsten gehört sich nicht. Aber jetzt liegt dein Leben offen, du lebst jetzt für mich und alle in einem Glaskasten, und es ist kinderleicht, deiner Spur zu folgen. »Ein paar Tage Erholung« hast du unter ein

Foto geschrieben, das zwei Teller mit Tintenfisch und ein türkisfarbenes Meer im Hintergrund zeigt. »YTEIA.« Jetzt muss ich lachen. Die Liebe ist ungeheuerlich, und lächerlich ist sie auch. In diesem Augenblick wusste ich, dass die Zeit gekommen war, zu handeln. Jetzt oder nie.

Es hat eine Weile gedauert, bis ich auf die Idee kam, wie ich Chaos stiften könnte. Ich erinnerte mich an unsere Gemeinsamkeiten, an unsere Straßen, unsere Vergangenheit, und bemerkte, dass die Lösung direkt vor meiner Nase lag. Ich musste mir nur nehmen, was mir zustand. Diesem gefräßigen Tier, das schon so viel an sich gerissen hatte, selbst etwas wegnehmen, verstehst du? Endlich hatte ich herausgefunden, wie ich aus dieser Stadt Geld herausholen konnte. Ich konnte meine eigene politische Tat vollbringen. Die ganz große Tat. Und es war gar nicht schwer.

Tatsächlich war es kinderleicht. Wenn man die Packungsbeilage genau befolgt, kann man sich zu Hause das Haar ganz einfach selbst bleichen. Danach hatten meine Haare zwar einen leichten Gelbstich, aber die Farbe reichte für meine Zwecke. Außerdem habe ich die Eitelkeit hinter mir gelassen. Ich strebe nicht länger nach Schönheit. Auch meinen Körper habe ich überwunden. Graue Leggings, weiße Baseballkappe, das Haar zu einem Pferdeschwanz zusammengebunden. Ein kleiner Rollkoffer. Damit wirkte ich in unserem ehemaligen Viertel genau so, wie ich wollte: wie eine Touristin, die ein Gebäude betritt, in dem sie über Airbnb ein Apartment gemietet hat. Ich war praktisch unsichtbar.

Ich erinnere mich an jeden einzelnen Schritt, schließlich hatte ich es monatelang einstudiert, seit dem Frühling, als mir die Idee gekommen war, bis zu den Sommerferien, als der Plan mir wasserdicht schien.

Ich muss zugeben, dass ich den Atem anhielt, als ich in den dritten Stock hinaufstieg. Ich war so lange nicht mehr hier gewesen, dass ich es kaum glauben konnte. Unsere Wohnung, der Altar für etwas, das schließlich schiefgegangen war. Unsere Wohnung, dieses neugeborene Kind. Ich öffnete sie mit meinen alten Schlüsseln, während mir das Herz bis zum Halse schlug, obwohl ich den ganzen Tag kein einziges Aufputschmittel genommen hatte. Jetzt, da ich zurück war, alle Sinne angespannt, fühlte ich mich so hellwach, dass ich aus dem Stegreif sämtliche Gesetze hätte aufzählen können, gegen die ich mit meiner Anwesenheit hier verstieß. Ich war glücklich.

Unsere Wohnung an der Plaza Jaume Sabartés ist immer noch mit Hydraulikfliesen ausgelegt. Dennoch brachte mich die Feststellung, dass ihr beide, du und sie, die Wände neu gestrichen hattet, in dieser Farbe, die aussieht wie Taubenscheiße und gerade groß in Mode ist, ein wenig aus der Fassung. Auch die Möbel waren neu. Dein frisch gewonnener Status machte mich wütend, die bessere Lebensqualität, die Tatsache, dass sie einen großen Eichenholztisch mitgebracht hatte, dass ihre Bücher und Bilder überall kunstvoll über den Boden verstreut lagen. Keine Spur von mir. Andererseits: Warum sollte es die auch geben? Die Hoffnung einer neuen Liebe ist, wie ich bereits sagte, das beste Ätzmittel. Aber ich hatte mich schnell wieder gefangen. Ich verstand, dass es für das, was ich vorhatte, sogar förderlich war. Ich öffnete das Fenster, um die abgestandene Luft und den Geruch nach den Duftkerzen herauszulassen, die überall in der Wohnung herumstanden. Es stank nach Karamell.

Ich stellte fest, dass einer von euch – du oder sie? – ein gutes System zur Bewässerung der Pflanzen gefunden hatte. Sie würden mir als Alibi dienen, falls unerwartet ein Nachbar auftauchen sollte. Wenn irgendein Schnüffler Schritte hörte oder sich über das ständige Kommen und Gehen wunderte, war ich die wohlmeinende Freundin, die in der ersten Augustwoche hier vorbeikam, um nach dem Rechten zu sehen. Aber das war unwahrscheinlich. In dieser Stadt sind im August alle Nachbarn weg, und ich wusste genau, dass in diesem Haus keine Bekannten mehr lebten. Es gab nur noch Touristenapartments.

Ich erzähle dir, wie es gelaufen ist. Den besten Teil. Ich setzte mich aufs Sofa, das mit einem eleganten weißen orientalischen Überwurf bedeckt war, und atmete tief durch. Eins. Zwei. Drei.

Nie war ich so glücklich gewesen wie in diesem Moment. Und das alles verdanke ich dir.

Ich duschte rasch, mit kaltem Wasser, weil ihr umsichtig genug gewesen wart, den Boiler abzustellen. Der eisige Strahl in der leeren, stillen Wohnung war wie eine Taufe, die mir erlaubte, einen klaren Kopf zu bekommen und den Plan noch einmal durchzugehen. Wenn meine Berechnungen stimmten, würden die Ersten in einer Stunde kommen, ich musste mich also beeilen.

Ich schlüpfte in das Kostüm, das ich in einem Geschäft in einem Wohnviertel von Madrid gekauft und bar bezahlt hatte. Weiße Bluse, dunkler Rock, halbhohe Absätze. Ich bürstete mein Haar und band den Pferdeschwanz neu. Dann legte ich perlmuttfarbenen Lidschatten auf und schminkte meine Lippen blassrosa. Der Spiegel zeigte mir das gewünschte Gesicht, das Gesicht einer unscheinbaren Frau, an die niemand sich erinnern würde.

Ich holte das Handy hervor, um mich zu vergewissern, dass mit der Anzeige alles stimmte: das falsche Logo, der Name, der Text.

Die perfekte Wohnung für alle, die eine große, helle Bleibe im Herzen Barcelonas suchen. Die Wohnung, die Ihr neues Heim werden könnte, liegt ganz in der Nähe des Markts von Santa Caterina. Sie verfügt über eine eigene, weitläufige Terrasse. Das Schlafzimmer geht auf die Straße hinaus, das Wohnzimmer ist mit einer amerikanischen Küche ausgestattet. Die Wohnung wurde erst kürzlich mit Liebe zum Detail vollständig renoviert. Da es sich um ein Eckgebäude handelt, ist sie außergewöhnlich hell. Die Terrasse ist groß und sonnig. Sämtliche Elektrogeräte sind hochwertig. Wohn- und Schlafzimmer sind vollständig möbliert. Die Fußböden sind mit Hydraulikfliesen ausgelegt, und die Holzbalken und Fensterscheiben aus Isolierglas machen die Wohnung zu einer typisch Barceloniner Wohnung, wie man sie aus dem Ensanche kennt. Dabei liegt sie mitten im Herzen der Stadt in einem der angesagtesten Viertel mit engen Gassen voller kleiner Läden und alternativer Restaurants, in der belebten Altstadt in der Nähe des Born. Sie ist verkehrstechnisch gut angebunden an die U-Bahn-Linien L4 (Jaume I) und L1 (Arc de Triomf) und die Buslinien 19, 39, 40, 42, 45, 51, 55, 120, H14, H16, V15 und V17. Nur einen Schritt vom Markt entfernt und umgeben von Geschäften, Dienstleistern und Freizeitmöglichkeiten.

Die Fotos hatte ich noch von damals, als uns im Sommer ein Wohnungstausch vorschwebte. Es war eine angenehme Überraschung, dass die Wohnung besser aussah als auf den Fotos. Du hast viel Geld in die Hand genommen, um die Küche zu renovieren und die Feuchtigkeitsflecken auf der Terrasse zu beseitigen. Ich stelle mir vor, wie du sonntags verschwitzt der Blondine erklärst, dass ihr keine Handwerker braucht, weil du ein echter Kerl bist, einer von denen, die Holz hacken und Wände weißen. Du schaffst alles, und das ist gut so. Das ist fantastisch.

Als das erste Pärchen kam, war ich gerührt. Das hätten wir sein können, zu einer anderen Zeit, froh wie die Singdrosseln, denen die Welt zu weit geworden ist und die auf der Suche nach einem Nest sind. Mir kamen die Tränen, und Adrenalin überschwemmte mich, als ich erkannte, dass es funktionieren konnte. Was ich anstrebte, war ein Kunstwerk. Eines Tages wirst du das verstehen. Eines Tages wirst du erkennen, wen du wirklich an deiner Seite hattest.

Ich erklärte ihnen eifrig, dass sie gleich einziehen könnten, bei Interesse allerdings sofort zusagen müssten. Du hättest mich sehen sollen, wie ich sagte: »Ich kann für nichts garantieren, aber immerhin sind Sie die Ersten, das könnte Ihnen zum Vorteil gereichen.« Eine Wohnung in Barcelona zu finden, mitten im August. Wie glücklich sie waren, diese Äuglein. »Ja, eine Anzahlung wäre gut. Ja, üblich ist die Miete für den laufenden Monat und die Kommission für die Agentur plus Mehrwertsteuer. Bei Barzahlung geht es schneller, dann zeigen wir die Wohnung niemand anderem mehr. Hier haben Sie die Bescheinigung und den Stempel, der die Rechtmäßigkeit der getätigten Transaktion bezeugt. Natürlich wird Ihnen das von der Miete abgezogen.«

Der Morgen und der Nachmittag verliefen wie am Schnürchen. Fünfzehn Besichtigungen täglich, fünf Tage lang, mit Paaren, Freunden, Studenten in Begleitung ihrer Eltern und Ausländern auf der Suche nach einem neuen Leben ergeben einen ordentlichen Batzen. Ich muss gestehen, das Beste daran war, in eurem Bett auf einem Haufen Geld in Umschlägen zu schlafen. Mich packte die Begeisterung. Außerdem gab es viel zu tun und unzählige Mails zu beantworten. Ich musste allen die gute Nachricht schicken, und zwar unverzüglich. Wie dankbar sie waren. Noch nie hatte ich erfahren, wie es ist, Leute froh zu machen, das Glück mit vollen Händen zu verteilen. Es erinnerte mich an das verzückte Lächeln von Fernsehmoderatoren, wenn sie einen gutgläubigen, dämlichen Zuschauer anrufen, um ihm mitzuteilen, dass er einen Preis gewonnen hat. Ich verstand dieses Lächeln. Es war kein gütiges, sondern ein machtdurchtränktes Lächeln. Diese Macht zu haben, gefiel mir.

Ich, oder besser gesagt, mein Pseudonym, gab ihnen die Kontaktdaten des Eigentümers. Also deine. Allen sagte ich, dass ich für dich arbeitete. Alle Mails wurden von deiner Wohnung aus verschickt, und im Mietvertrag stand dein Name.

Lass mich dir für das Bild danken, das du mir unfreiwillig

geschenkt hast und das mich für den Rest meines Lebens begleiten wird. Lass mich die Vorstellung genießen, wie zu jeder Tages- und Nachtzeit dein Telefon auf einer paradiesischen griechischen Insel klingelte, wie es euch aus dem Ouzo-Nebel und dem gemächlichen Morgenfick riss, während ich mit einem Koffer voller Geld und Hoffnungen ein Taxi in Richtung Norden bestieg. Du hast mir das schönste Geschenk der Welt gemacht. Dieses Bild wird mir für immer bleiben. An manchen Tagen durchlebe ich diese Szenen wieder und wieder und applaudiere begeistert, wie ein kleines Mädchen im Zirkus. Mich enttäuscht nur, dass ich den Anruf nicht hören und dein verdutztes Gesicht nicht sehen kann, wenn du kapierst, was passiert ist, wenn du es endlich kapierst – falls du es eines Tages tatsächlich kapieren solltest, Idiot.

Hier auf meinem Balkon an der Carretera de les Aigües habe ich alles im Blick. Mit ein wenig Mühe kann ich fast deine Wohnung sehen, unsere Wohnung. Ein Fenster ist wie ein kleines Lichtbündel, in dem ein eigenes Ökosystem blinkt, ein komplexes mehrzelliges Leben. Von hier aus kann ich fast die Teppiche erkennen, die Bücher, kann das dampfende Essen riechen, den Alltag, das Gelächter der Freunde hören, all das, was ich niemals haben werde. Und das ist gut so. Ich will es nicht mehr. Ich bin am bestmöglichen Ort. Hier wird mich niemand suchen.

Ja, ich habe darüber nachgedacht, welche Strafe mir blühen würde, wenn man mich fände. Aber darum mache ich mir keine allzu großen Sorgen. Ich glaube nicht, dass die Partei ein Interesse daran hat, dass bekannt wird, was vorher passiert ist und was hinterher passieren wird. Es ist zu kompliziert und zu schwer zu erklären. In diesen Zeiten funktionieren die einfachen Schlagzeilen viel besser, vor allem bei einer Partei wie der euren. Für Leute wie euch sind Parolen alles.

Und ich? Ich habe gelernt, so zu leben, ich habe beschlossen, dass ich so leben will. Ich weiß, dass ich alles habe, was ich brauche. Ob ich hier asketisch lebe oder in einer Zelle, ist mir egal. Außerdem werde ich sowieso nicht geschnappt. Was wollen sie machen? Meine Fingerabdrücke sichern? Wem kann man sich noch anvertrauen? Der Guardia Civil? Den Mossos d'Esquadra?

Es ist mir egal. Nichts von alledem ist mehr wichtig. Du solltest wissen, so wie ich es tue, dass die Geschichte uns früher oder später alle richten wird, und was soll ich dir sagen? Ich glaube nicht, dass ich allzu schlecht dabei wegkomme.

An manchen Tagen erwache ich in der Morgendämmerung. Dann gehe ich hinaus in den kleinen Garten, der vor meinem Versteck liegt, und die Schönheit von allem, was die Menschheit erschaffen hat, raubt mir den Atem. Ich sammle so viel Kraft, dass ich ganz allein sämtliche Laute der Erde hören und sehen kann. Das Geräusch des wachsenden Raureifs, das Kriechen einer Ameise übers Moos, das Reifen einer Kastanie.

Manchmal kommt meine Vermieterin zu mir hoch, bietet mir eine Tasse Kaffee an und fragt, ob ich mit ihr hinunter in den Garten kommen will, um zuzusehen, wie der Nachmittag sich über die Stadt senkt. Sie scheint zu wissen, was ich brauche, noch bevor ich selbst es weiß. In diesen Momenten denke ich daran, wie unermesslich viel man erreichen kann, wenn man einfach nur seinen gewohnten Aktionsradius verlässt. An diesen Tagen setze ich mich auf meinen kleinen Flechtstuhl und sage mir, dass ich hier nichts weiter tun muss, als zu warten; nicht auf die Strafe, sondern auf das, was die Zukunft an Überraschungen bringt. Wenn die große Woge über uns hereinbricht, werde ich mich retten. Oder auch nicht.

Wer hätte das gedacht.

Dieses Gefühl, diese Ungewissheit, ist alles, was ich brauche, um weiterzuleben.

XXI. DEBORAH, DAS KREUZ UND DER PLATZ

Und darum bin ich nun also hier, aufrecht begraben. Darum dieser innere Monolog mit Dir, o Herr, darum das Salz und der Muschelstaub um mich herum. Nach allen meinen Wegen gehöre ich nun dieser Erde an.

Die Irrlichter tanzten in der Nacht, in der Susanna und ich uns mit nichts weiter als meinen Ersparnissen auf den Weg machten. Die Indianer ließen uns ungehindert ziehen, weil sie Susanna mit ihrem feuerroten Haar – genau wie Regina Robinson – für ein übernatürliches Wesen hielten, und ich klammerte mich an sie wie Jahre zuvor an den Passierschein, der mir den Zugang zu einem Schiff und die Flucht aus der Armut ermöglicht hatte. Ich dachte nicht daran, Henry mitzunehmen, der schon lange erwachsen war und in Saugus eine Familie gegründet und Nachkommen gezeugt hatte. Niemand würde ihn mit mir in Verbindung bringen. Er war in Sicherheit, und jetzt brachte ich mich ebenfalls in Sicherheit.

Als ich mich das erste Mal mit meinem blondgelockten Jungen auf die Flucht begeben hatte, hatte ich keinen Plan gehabt; dieses Mal hingegen war ich unterwegs zu dem Land, das ich einige Tagesreisen entfernt von den Holländern erworben hatte. Es hätte die Neue Welt für uns Frauen sein sollen, die wir für den freien Geist und ein freies Leben einstanden, und Anne hätte uns in unser eigenes gelobtes Land geführt. Reverend Peter glaubte, mich der Armut zu überantworten, und das erschien ihm Strafe genug für eine alte Frau, aber ich konnte bei meiner Flucht noch etwas anderes mitnehmen, auch wenn ich dafür einen Pakt schließen musste. Ich hatte gelernt, dass man mit den Männern ein Schweigegelübde schließen konnte, wenn man es schaffte, sich so zu verhalten wie sie. Darum besiegeln selbst die Rechtschaffensten unter ihnen ihre Geschäfte im Bordell: Wenn du meine Sünden verschweigst, verschweige ich die deinen. Darauf beruht alles.

Ich besuchte keinen der Prozesse gegen Anne, weder den Zivilprozess noch den Kirchenprozess, aber ihre Geschichte verbreitete sich über die Grenzen Massachusetts hinaus und drang natürlich auch bis zu mir, in mein neues Land voller Wasser, Salz und Muschelstaub mit dem flachen Horizont, wo der Sand das Meer verschlingt und wo ich mich nach all den Pakten, die ich geschlossen hatte, schließlich mit Susanna niederließ. Wieder besaß ich ein Haus, ein Kind und ein Stück Land. Wieder begann ich von vorn. Ich hörte die Neuigkeiten über Anne, weil die Geschehnisse sich, allen Bemühungen des Pfarrers und der Gouverneure zum Trotz, nicht mehr aufhalten ließen. Die Urteile fielen kurz, aber gnadenlos aus, und es dauerte so lange, bis sie veröffentlicht wurden, dass ich erst viel später erfuhr, was mir zuvor nur gerüchteweise zu Ohren gekommen war. Die Leute erzählten, dass sie bleich gewesen sei und ihre Hände wie Vögel geflattert hätten, als sie mit ernster Stimme sämtliche Fragen des Gouverneurs beantwortete. Anne sagte, ihr Leib gehöre der Kolonie, ihre Seele aber gehöre Gott. Sie gab alle notwendigen Erklärungen ab. Die in den Bergen versteckten Mädchen wurden nie gefunden, und nicht einmal ich konnte in Erfahrung bringen, was aus ihnen geworden war. Vielleicht haben sie überlebt, aber wahrscheinlicher ist, dass sie bei den Grenzkriegen entdeckt wurden. Wieder vermischte sich all das vergossene Blut: das Blut aus einer sündigen Verfehlung mit dem Blut aus den Kriegen um Land. Und am Ende war es nichts weiter als dunkles Blut.

Sie versuchten, Anne aus der Unterscheidung zwischen Glauben und Gnade einen Strick zu drehen, doch sie hatte auf alles eine bescheidene, aber entschlossene Antwort. Offenbar verstand sie nicht, dass es gleichgültig war, was sie sagte: Das Problem waren nicht ihre Worte, sondern ihre Existenz. Sie selbst war es, die ihnen mittlerweile unerträglich geworden war. Anne verteidigte sich nach Kräften, aber sie wurde beschuldigt, die Kirche mit ihren Irrtümern und Offenbarungen beleidigt und zersetzt zu haben.

Ich vermute, Anne wusste, dass sie verloren hatte, als die Rede auf ihr jüngstes Kind kam. Bis zuletzt hatte ich geglaubt, dass Reverend Peter die Geschichte nur um der üblen Nachrede willen erfunden hatte, doch die Bauern, die die Nachrichten in unsere neue Siedlung brachten, berichteten, dass Anne in einem der Prozesse bestätigt hatte, das Kind sei bei der Geburt nicht gesund gewesen. Anne hatte den Tod des Kindes überlebt, aber der letzte Urteilsspruch besiegelte ihr Schicksal. Es heißt, in ihren letzten Worten an ihre ehemaligen Nachbarn habe sie im Namen Gottes die Unerbittlichkeit des Glaubens verflucht, die sich in letzter Zeit unter den Bewohnern der Bucht ausbreitete wie die Pest. Ihre Worte wurden als Beweis ihrer mangelnden Frömmigkeit gewertet.

Unter dieser Erde, die nicht länger schwer auf mir lastet, muss ich mich darauf besinnen, was ich damals schon wusste: Jeder Pakt setzt ein Abkommen zwischen den beiden beteiligten Parteien voraus. Und um einen Schweigepakt zu brechen, braucht es, wie jedermann weiß, einen Verräter.

Sie beschuldigten sie, Satan herbeigerufen zu haben und eine Heidin zu sein, und als Beweis führten sie ihre Predigten und ihren Glaubenseifer an. Anne hatte die Liebe gewählt – aber die Liebe zu wem? Es scheint, dass Cotton ebenfalls auf der Anklagebank saß, nur wurde er niemals beschuldigt. »Die Männer werden dich verraten«, hatte die Heilerin vor vielen Jahren zu mir gesagt. Nur Anne und ihre Familie wurden gezwungen, die Kolonie zu verlassen und sich außerhalb ihrer Grenzen anzusiedeln, Cotton nicht. Ein Jahr nach ihrer Verbannung berichtete mir eines der Dienstmädchen, Anne und ihre jüngsten Kinder hätten wenige Meilen von hier Zuflucht gefunden, auch nahe am Wasser, dort, wo der Farn und die Schwertlilien wachsen. Cotton blieb in der Bucht, sein Einfluss in der Kolonie wuchs, er wurde reich und berühmt. Er musste dafür nichts weiter tun, als sich von ihr zu distanzieren, so tun, als wäre ihre Vereinigung nichts weiter gewesen als eine üble Zeit, ein schlechter Traum aus einer anderen Epoche. Für Anne hingegen muss es sich angefühlt haben, als risse sie sich einen Arm aus, dazu ihr Herz und die Eingeweide, und überreiche sie als Zeichen ihrer Liebe demjenigen, der sie verriet. Ich kann mir keine grausamere Art vorstellen, seinen Glauben an Gott zu verlieren.

Ein paar Jahre später geriet Anne wieder in Schwierigkeiten. Mühselig hatte sie ihre Familie durch mehrere Siedlungen geschleppt, bis sie gewissermaßen vor dem Nichts standen. Anne war ausgelaugt und krank und konnte nicht länger für die Ihren sorgen. Die meisten ihrer Anhänger, die wenigen, die nach ihrer Verbannung noch mit ihr umherzogen, wagten es nicht, lange Strecken auf den gefährlichen Pfaden zurückzulegen. Von den Holländern beaufsichtigt, belauerten die Indianer unsere Neue Welt. Ganz in der Nähe meines Hauses siechte Anne dahin, während ich alles besaß, Essen, Wärme, Wohlstand und Susanna. Manchmal glaubte ich, ihre Nähe zu spüren, Anne und ihren Atem, der nach Pflanzen roch, wie sie, heulend wie eine Wölfin, um uns herumstrich und um Gnade winselte.

Aber Pakt ist Pakt, und wer die Liebe wählt, muss dafür zahlen. Ich war Anne nicht zu Hilfe gekommen, als der Reverend zu mir kam und mich warnte, und ich tat es auch jetzt nicht, da ich ihr die Hand hätte reichen können. Endlich hatte ich meine Lektion gelernt. An dem Morgen, an dem eine graue Turteltaube auf meiner Fensterbank landete, erbebte ich nicht. Es war nur ein ganz gewöhnlicher Tag und ein ganz gewöhnlicher

Vogel, der Vorbote kommender Nachrichten. Ich erhob meinen welken Körper aus dem Bett und kochte mir einen schwarzen Tee in der Gewissheit, dass Anne tot war. Eine Turteltaube auf der Fensterbank kündet immer von Unheil, und das war das einzige Unheil, das geschehen konnte. Später erfuhr ich, dass die Siwanoy sie auf ihrem Stammesgebiet entdeckt und alle getötet hatten, einschließlich der Kinder und der letzten beiden noch verbliebenen Dienstboten. Es heißt, Anne habe ein silbernes Kreuz in der Hand gehalten, eine letzte Gabe an Gott, ein vermeintlicher Schutzschild, aber ich habe nie herausfinden können, ob etwas Wahres an dieser Legende war. Eigentum ist Eigentum, und Waffen sind Waffen, und in deiner Torheit, Anne, warst du so auf die Errettung deiner Seele bedacht, dass du die einfachsten Grundregeln vergaßest, die du mich gelehrt hattest. Fleisch, Blut, Erde. Törichte Anne.

An diesem Tag stand ich auf, wusch mich mit frischem Wasser und ging hinaus auf den großen Platz vor meinem Haus, meinen Grund und Boden. Bei mir trug ich den metallenen Gegenstand mit dem Holzgriff, den mir die Heilerin mit den milchweißen Augen vor langer Zeit geschenkt hatte, und mit ihm brach ich die Erde auf, mit ruhiger Hand, so, wie ein Schlachter eine Rinderhaut zerteilt. Mit dem Kauter zog ich die Linien der Straßen meiner Siedlung, und anschließend ging ich zu den örtlichen Autoritäten, um ihr einen Namen zu geben: meiner Siedlung mit den beiden kreuzförmigen Straßen und dem Platz in der Mitte. Dies sollte mein Land und meine Zukunft sein. Mein Eigen. Ich vergaß die Frauen und alles, was wir gemeinsam hätten errichten können. Alles zerstob durch die Kraft von Salz und Sand. Endlich hatte ich Ruhe gefunden. Endlich Frieden.

EPILOG: DEBORAH IN DER CALLE PUIG D'OSSA

Ich habe nicht damit gerechnet, dass Du mir die Wiederauferstehung des Fleisches gewähren würdest. Vielleicht, o Herr, war dies Dein letzter schlechter Scherz. Nach all den Jahren unter der Erde war es eine unerwartete Erleichterung, in einem Bett zu erwachen. Saubere Laken, eine weiche Matratze, der Duft der Pinien. Das hatte ich nicht vorhersehen können.

Der erste Tag war anstrengend. Da wusste ich noch nicht, dass dieses neue Leben so einfach sein würde, dass ich schon alles besaß, was ich zum Leben in diesem Haus brauchte. Eine neue Sprache, ein kleines, aber gemütliches Heim, in dem meine Knochen keine Kälte spüren und meine Haut mir nicht lästig ist. Ohne es je zuvor gehört zu haben, erkannte ich gleich das Geräusch einer Kaffeemaschine, eines Handys oder eines Toasters. Ich wusste, wie man einen Warmwasserhahn aufdreht, wie man ein weiches Handtuch benutzt, wie man einen Ventilator einschaltet. Alles war ungewohnt und bekannt zugleich. Wie der Geschmack von Blut, wenn einem ein Zahn ausfällt, anfangs erschreckt es, und schließlich ist es unendlich vertraut. Dennoch wagte ich mich erst nach einer Woche aus dem Haus, als ich erkannte, dass ich nicht träumte, sondern dass dieses Leben wirklich war, dass es einen Grund gab, warum ich hier war. Vielleicht, o Herr, hattest Du mich endlich dem Himmel übergeben? Aber das war unmöglich, denn inzwischen wussten wir beide, dass ich den Himmel nicht verdient hatte.

Und dann kam der Nachmittag, an dem ich die mit einem doppelten Schloss gesicherte Tür meiner Wohnung öffnete und hinausging. Ich musterte meine Umgebung. Kieswege, ein kleiner, mit Efeu und Bougainvillea bewachsener Garten und eine rote Backsteinmauer rings um ein weißes, zweistöckiges Haus, und hinter dem Gartentor der rissige Asphalt der Straße. Calle Puig d'Ossa las ich und verstand es. Ich wohnte im Erdgeschoss, und der erste Stock stand leer. Mechanisch setzte ich mich in Bewegung und ging die Straße hinunter bis zum Platz. Der Pinienduft und die feuchte Brise waren mir nicht fremd. Als ich in einer Fensterscheibe mein Spiegelbild sah, bemerkte ich, dass ich ein weites Baumwollkleid und bequeme Schuhe trug. Auch die Einkaufstasche hatte ich mitgenommen, ohne nachzudenken.

Pilar, was machst du denn so, meine Liebe? Wir haben uns seit Tagen nicht mehr gesehen, begrüßte mich eine Nachbarin, die mit zwei weiteren Nachbarinnen auf der Veranda vor ihrem Haus saß, auf Katalanisch.

Ach, nichts Besonderes, ich gehe Obst und Fisch kaufen, antwortete ich. Wieder quollen mir die Worte aus dem Mund wie Seifenblasen, so wie vor vielen Jahren das Wort *Opal*, selbstverständlich und spontan. *Opal*. Ich sah die Nachbarinnen an und wusste, wie sie hießen. Conxita, Montse. Woher kannte ich ihre Namen? Wieso war mir alles so vertraut?

Du wirst den Weg zwei Mal zurücklegen.

Zwei, drei Straßen weiter betrat ich einen Obstladen. Ich wog die Äpfel in der Hand und freute mich, dass die ersten Feigen der Saison eingetroffen waren. Ich kaufte beides, denn ich wusste schon, dass ich am Nachmittag Besuch bekommen würde.

Danach kehrte ich nach Hause zurück und erledigte instinktiv die Aufgaben im Garten und im Haus, die ich mir vorgenommen hatte. Als ich fertig war, nahm ich einen kleinen Schlüssel, der neben der Haustür hing und von dem ich ahnte, wozu er diente. Mühsam stieg ich die Treppe in den ersten Stock hinauf und schloss die Tür auf. Die Wohnung war lange Zeit verschlossen gewesen und musste gelüftet werden. Ich ging ins Wohnzimmer und riss die Fenster auf. Von hier oben im ersten Stock hatte man einen wunderbaren Blick über die Hafenstadt, man sah ganz Barcelona. Ich wusste, dass sie bald kommen würde, ich musste nur ein bisschen warten.

Der Spätsommernachmittag neigte sich gerade seinem Ende zu, als es endlich an der Tür klingelte. Sie hatte einen blonden Pferdeschwanz, trug einen Koffer bei sich, der, wie ich wusste, voller Geld war, und ihre Augen glänzten, nicht vor Furcht, sondern vor Erwartung. Da verstand ich, dass mir endlich mein Engel erschienen war.

»Komm rein«, sagte ich, »das ist dein neues Zuhause.« Sie blickte sich zufrieden um, und ich verstand, dass die Erinnerung an Anne mich nicht länger in mondlosen Nächten heimsuchen würde.

»Das wird ein ruhiger Herbst, glaubst du nicht?«, frage ich und überlege, ob ich sie jetzt schon zu mir hereinbitten oder warten soll, bis sie den Koffer ausgepackt hat. Vielleicht warte ich lieber. Wir haben alle Zeit der Welt.

ANMERKUNG DER AUTORIN

Obwohl Anne Hutchinson und Deborah Moody beide in Swampscott am Rande von Salem lebten, belegt kein Dokument, dass sie sich während ihrer Zeit in diesem Teil der Kolonie je begegnet wären. Allerdings wurden beide von Reverend Hugh Peter aus der Gemeinschaft ausgeschlossen. Hutchinson wurde 1638 dazu verurteilt, mitsamt ihrer Familie die Kolonie von Massachusetts zu verlassen, während aus den Archiven hervorgeht, dass Moody 1643 vertrieben und exkommuniziert wurde. Acht minderjährige Kinder von Anne, die ihr in die Verbannung folgten, wurden mit ihr und ihrem Ehemann ermordet. Nur Susanna, die bei dem Massaker nicht anwesend war, überlebte. Mehrere mündliche Berichte, die am Ende des 18. Jahrhunderts aufgezeichnet wurden, die sogenannten *Cauteries*, erwähnen eine D. Dunch – Dunch war Deborah Moodys Mädchenname – und eine Anne H., aber die Daten stimmen nicht überein, und in der angelsächsischen Geschichtsschreibung gelten diese Schriften bis heute als apokryphisch. Immerhin ist hinreichend dokumentiert, dass Moody sich nach ihrer Vertreibung mit Genehmigung des Leiters der Dutch West India Company, Willem Kieft, am südlichen Ende von Long Island in New Netherland niederließ, wo sie ihre eigene Gemeinschaft gründete, Gravesend, in der religiöse Toleranz und Glaubensfreiheit herrschten. 1644 zeichnete Moody eine Karte von Gravesend. Eine Kopie der Original-Handschrift, in der die Straßen zu sehen sind, kann im Lesesaal der Public Library von New York betrachtet werden.

DANKSAGUNG

Dieses Buch wäre niemals zustande gekommen ohne meine ersten berühmten Leserinnen, Cristina Fallarás und Laura Fernández, die verstanden, was ich vorhatte, als es sonst niemand verstand, nicht einmal ich selbst. Ohne die beiden gäbe es dieses Buch nicht, deshalb stehe ich für alle Zeiten in ihrer Schuld.

Isabel Obiols gebührt meine volle Dankbarkeit dafür, dass sie alles viel einfacher erscheinen ließ, als es in Wirklichkeit war.

Dank auch an Isa Calderón für ihr Verständnis und ihren langen Atem.

Und an Manu Tomillo für sein geduldiges Warten. Tag um Tag.